내 안의 작은 북유럽

내 안의 작은 북유럽

라이프 & 디자인
앤티크, 도자기, 소품

배다윗 (점호) 지음

에듀웰

◆ **PROLOGUE** ◆

군 복무를 마치고 복학했던 어느 날, 허름한 매식집 텔레비전에서는 노르웨이 릴레함메르 동계 올림픽 중계가 한창이었다. 그런데 손에 땀을 쥐게 하는 경기는 눈에 안 들어오고, 이국적인 노르웨이의 자연과 여유로운 사람들의 모습이 나의 눈길을 확 끌었다. 대학 졸업 후에는 뭘 하며 먹고사나 고민하던 비루한 내 처지와 대비되어 그들의 모습은 나 자신을 밥상 끝에 축 늘어진 행주처럼 느끼게 했지만, 마음 한 켠에는 '저곳에 꼭 가보고 싶다.'는 열망이 자리 잡았다.

언젠가 꼭 여행하리라는 다짐은 20여 년이라는 시간이 흐른 마흔둘의 나이에 성취되었다. 국립기관 연수원 교수 생활을 정리하고, 초등학교와 중학교에 다니던 두 아들과 함께 별다른 준비도 없이 스웨덴 예테보리Göteborg행 비행기에 몸을 실었다. 하던 일과 관련하여 좀 더 공부할 기회가 생겨 무작정 떠난 길이었다.

나를 아는 스웨덴 사람들은 '자연을 참 즐길 줄 아는 사람'이라고 말하곤 했다. 스웨덴의 봄에는 참나물과 고사리가 말 그대로 널려 있었다. 여름이 오면, 한적한 시골길이나 목초지 또는 호수 주변 어디에서나 다양한 산딸기를 실컷 따 먹을 수 있었다. 가을이 되면, 집집마다 정원의 주인공이 되는 붉은 사과가 화려한 봄꽃보다도 눈부시고 예뻤다. 그리고, 깊어가는 길고 긴 겨울은 일에 열중하고 사색하며 책 읽기에 참 좋은 시간이었다. 이국에서의 하루하루는 아깝고 또 아까웠다.

자연 못지않게 나를 매료시킨 것은 북유럽 특유의 물건들이었다. '디자인 강국'이라는 북유럽의 저력은 자연에서 영감을 얻고, 그것을 예술의 영역으로 승화시킨 데서 나온 것이었다. 내게 다가온 북유럽 디자인의 미를 두 가지로 요약하자면, '아름다움을 추구하되 결코 사용하기 편한 기능성을 포기하지 않는다.', '심플함으로 본질에 다가간다.'이다. 나와 두 아들은 북유럽 특유의 디자인과 수공예품에 푹 빠져들었다. 시간이 날 때마다 로피스Loppis라고 불리는 폴리마켓과 세컨핸드 숍, 앤티크 숍을 투어하고 현장 경매장과 앤티크 페어 등을 다니면서 좋은 물건들을 모으는 것에 심취하였다.

앤티크 물건들에 대한 애착은 자연스레 그 물건들을 만들고 사용하는 사람들로 관심이 이어졌다. 앤티크를 수집하기 시작하면서 참 많은 사람을 만났다. 미적인 감각과 실용성을 최대한 살려 물건을 만들어 내는 장인들을 만나고, 자긍심을 가지고 물건들을 소개하는 앤티크 숍 주인들을 만났으며, 오랜 세월 대를 이어 가며 물건들을 소중히 사용하는 일반 사람들을 만났다. 그중에서도 나에게 특별한 분은 예테보리 인근 히싱엔Hisingen이라는 소도시에서 앤티크 숍을 운영하는 90세 노부부였다. 많은 연세에도 불구하고 손님들에게 앤티크 물건들을 소개하며 여유롭게 살아가는 두 분을 보면서 나도 그들처럼 늙어가면 좋겠다는 생각이 들었다. 그리고 그 부러움과 여운이 큰 힘이 되어 한국에 돌아온 뒤 나만의 앤티크 매장을 열 수 있게 되었다. 이것은 흡사 릴레함메르 올림픽 텔레비전 중계 화면이 먼 훗날 나를 스웨덴으로 이끈 것과 같은 운명인지도 모른다.

스웨덴에서 돌아왔을 때 주변의 많은 분들이 "북유럽에서 어떻게 살았어?", "북유럽에서는 진짜로 병원비며 애들 학비가 다 공짜야?", "북유럽의 볼거리는 뭐야?", "음식은 어때?", "북유럽 디자인이 아주 좋다는데 뭐가 있어? 그런데 많이 비싸?"라며 질문 세례를 퍼부었다. 근래 많은 매체를 통해 북유럽 여행 열풍이 불어서인지는 몰라도 북유럽에 대한 관심이 매우 커서 놀랍기도 했다.

 이 책은 나와 우리 가족이 느끼고 경험했던 북유럽 생활을 친구들과 편하게 대화하듯 써 내려간 글이다. 북유럽 사람들은 어떤 사람들이며, 일상을 어떻게 살아가는지에 대한 이야기이며, 많은 사람의 관심사인 북유럽 디자인의 앤티크, 도자기, 그리고 소품에 대한 나름의 지식을 꼼꼼히 정리한 노트이다.

 많은 것이 미흡하여 부끄러운 마음을 숨길 수 없지만, 북유럽에 관심 있고 북유럽 여행을 꿈꾸는 이들에게 조금이나마 도움이 되었으면 하는 바람으로 시작한 글쓰기를 마칠 수 있어 행복하다. 이 책이 나오기까지, 때마침 DSR 사진에 심취해 있던 큰아들의 도움이 컸다. 작은아들은 작품에 대한 정보를 시의적절하게 찾아주었다. 두 아들에게 감사함을 전한다.

2025년 7월

♦ CONTENTS ♦

PROLOGUE 004

PART 1
NORDIC LIFE
북유럽 라이프

북유럽 기후와 사회 시스템 012

- 014 북유럽 풍경
- 017 북유럽의 여름
- 025 북유럽의 겨울
- 029 스웨덴의 복지
- 031 스웨덴의 치안
- 032 북유럽 사회가 돌아가는 기본 원리, 신뢰

북유럽 사람들의 문화 감성 034

- 036 라곰 Lagom 문화
- 038 얀테의 법칙 Jante's law
- 040 집의 의미
- 043 쌈부 Sambo 문화
- 044 아이를 건강하게 키우려면 적당히 지저분하게 키워라?
- 047 북유럽의 크리스마스
- 053 북유럽 사람들의 음식 문화
- 057 북유럽의 노출 문화
- 059 북유럽과 술

북유럽의 디자인과 디자인 사랑 062

- 064 그릇과 문화
- 067 피카 Fika 문화와 디자인
- 069 세컨핸드 숍과 공동체 정신
- 072 설렘의 공간 플리마켓&앤티크 숍
- 075 여름 필드 옥션 Sommarauktioner
- 078 실내 디자인의 메카, 이케아 IKEA

PART 2

NORDIC DESIGN

북유럽 디자인

역사를 자랑하는
북유럽의 대표적인 도자기 082

- 086 로얄 코펜하겐 Royal Copenhagen
  (덴마크 1775~)
- 106 FIKA TIME 유럽 도자기의 역사
- 108 빙앤그륀달 Bing & Grøndahl
  (덴마크, 1853~1987)
- 118 FIKA TIME 연도 접시 Year plate
- 124 로스트란드 Rörstrand
  (스웨덴, 1726~)
- 136 FIKA TIME 칼 라르손 Carl Larsson
- 138 아라비아 핀란드 Arabia Finland
  (핀란드, 1873~)

미적인 감각과 실용성을 갖춘
북유럽 세라믹과 장식품 148

- 150 호가나스 Höganäs
  (스웨덴, 1909~)
- 156 데코 세라믹 Deco Keramik
  (스웨덴, 1955~2008)
- 162 이이에 Jie
  (스웨덴, 1909~1992)
- 166 티크 Teak 가구
- 170 코모도 콘솔 Comodo Console

북유럽 특유의 환경이 탄생시킨
소가구와 소품들 176

- 180 북유럽의 의자와 소가구
- 186 가죽을 입힌 테이블
- 189 달라호스와 수공예 제품
- 197 북유럽 조명
- 206 북유럽 메탈 소품
- 214 스웨덴의 글라스와 크리스털
- 224 실버 커틀러리 Silver cutlery
- 229 북유럽의 자수천

PART 1

NORDIC LIFE

북유럽
라이프

북유럽 기후와 사회 시스템

북유럽은 일반적으로 유럽 북부 지역의 노르웨이,
스웨덴, 덴마크 등 스칸디나비아 3국과
그 주변에 있는 핀란드, 아이슬란드 등을 말한다.

불과 20세기 초까지만 하더라도 북유럽은 척박함의 대명사였다.
혹독한 추위와 어둠으로 뒤덮인 겨울,
변변찮은 농사를 짓기에도 마땅치 않은 땅,
극단적인 일조량 차이 등등…….

그러나, 오늘날 북유럽 하면
깨끗한 호수와 자작나무가 끝없이 펼쳐진 드넓은 숲,
밤하늘을 수놓는 신비로운 오로라, 순백의 빙하와 설경,
장엄한 협곡과 절벽이 어우러진 피오르 등
아름다운 자연 풍경이 절로 떠오른다.

이런 드라마틱한 변신에는
석유와 철광석 같은 풍부한 지하자원 개발 덕분도 있지만,
무엇보다도 척박한 기후와 자연환경 속에서 대대로 삶을 일궈 낸
사람들의 노력이 숨어 있다.

북유럽 주요 4개국의 인구를 모두 합쳐 봤자 대략
우리나라 인구의 절반 수준인 2,700만 명(스웨덴 1,000만 명,
노르웨이 550만 명, 덴마크 580만 명, 핀란드 550만 명) 정도에 불과하다.

그럼에도 이들은 특유의 근성을 바탕으로 세계가 부러워하는
사회 복지 시스템과 문화를 발전시켰으며
자연 그대로를 보존하고 누리는 데 애쓰고 있다.

자, 이제 한 걸음 더 북유럽 속으로 들어가 보자.

북유럽 풍경

이제는 27살이 된 큰아들이 14살 무렵이던 중학교 2학년 때의 일이다. 우리 가족은 덴마크를 처음 여행하고 있었다. 때는 5월 중순이었는데, 이맘때는 북유럽 어디서나 달콤한 라일락 향기를 맡을 수 있었다. 그리 높지 않게 봉긋봉긋한 언덕들에 끝도 없이 펼쳐진 밀과 옥수수밭 사이를 지나가고 있는데, 한참을 졸다가 잠에서 깨 창밖을 멍하니 바라보던 큰아들이 갑자기 탄성을 질렀다.

"와, 어디든 풍경이 모두 윈도우 배경 화면이야!"

시간이 흘러 그 아이가 군에 가서 감사 편지를 보내 왔다. 편지에는 50여 개의 감사 이유가 빼곡히 적혀 있었는데, 그중 첫 번째가 '아빠, 저랑 여행을 많이 다녀 주셔서 감사해요.'였다. 나중에 아들에게 들어 보니, 힘든 군 생활도 그때의 아름다웠던 순간들을 떠올리며 잘 견딜 수 있었다고 했다. 여행의 진정한 묘미란, 이렇게 먼 훗날에도 잔잔하게 되살아나는 여운과 감동, 삶을 북돋아 주는 힘이 아닐까 싶다.

북유럽 여행의 백미는 뭐니 뭐니 해도 여름이다. 한여름날 맑은 공기 속에서 바라보는 순백의 구름과 코발트빛 하늘이 겹쳐지는 장면, 자정이 가까워서야 볼 수 있는 새빨간 노을은 가히 조물주의 솜씨라고밖에 표현할 방법이 없다.

솜씨가 조금 있다면 손 그림 드로잉 여행도 추천하고 싶다. 봄날 덴마크의 포근한 들녘, 한여름의 웅장하고 벅찬 노르웨이 피오르Fjord, 그리고 피오르를 따라 졸망졸망 자리 잡은 항구 도시들을 도화지에 옮겨 보면 어떨까. 한여름에도 만년설과 얼음을 볼 수 있고 평지의 고원 끝에서 골짜기 사이를 가로지르는 곡빙하도 볼 수 있다. 수백 미터의 산기슭에서 떨어지는 폭포를 발아래 직벽으로 내려다볼 때는 손바닥에 땀이 절로 배어 나올 정도로 아찔하다.

북유럽에는 수많은 섬이 있는데 섬과 섬 사이에는 가급적 다리를 놓지 않는다. 다리를 놓을 자본이나 기술이 부족해서가 아니라, 다리가 놓이는 순간부터 그 섬 특유의 모습과 환경이 사라지기 때문이라고 한다. 그래서 북유럽을 여행하다 보면 이런저런 불편함을 마주하게 되는데, 조금만 여유를 갖고 보면 오히려 그 불편함 덕분에 자연 그대로를 즐길 수 있음을 깨닫게 된다. 자연을 자연답게 하는 것, 그것이야 말로 신이 우리에게 주신 모습 그대로를 최대한 보존하는 방법이 아닐까 싶다.

깨끗한 자연환경을 만끽하고 싶다면, 북유럽 여행을 계획하시라. 그 꿈을 실현하고 싶다면, 미루지 말고 지금 당장 비행기표부터 예약하시길 권한다. 북유럽은 자연의 천국이다. 정말 자연 그대로, 원형을 손상하지 않고 잘 보존하고 있다. 호수 주변에는 이용객이 편하도록 시멘트를 바르거나 인공 조형물들을 설치하지 않는다. 그냥, 옛날 사람들이 즐겼던 그대로의 모습이다. 오리와 거위들도 사람을 무서워하지 않는다. 간혹 이런 생각도 해 보았다. 내가 믿는 하나님의 천국이 있다면 그 한 부분이 이 정도면 좋을 것 같다고…….

북유럽 시골의 밀밭 풍경
자연 풍경을 보노라면 북유럽 사람들이 왜 그림을 잘 그리는지, 왜 유독 풍경화가 많은지 알 것 같다. 날 좋은 여름날 가는 곳마다 절로 그림을 그리고 싶은 풍경이 끊이지 않는다.

북유럽의 여름

스웨덴에서는 3월이 지나고 4월이 되어도 도통 나무들이 세상에 푸른 잎을 내보일 생각을 하지 않는다. 스웨덴 생활 첫해에 나는 속으로 '도대체 이 나무들이 살아 있는 게 맞나?'라고 생각했다. 그런데 4월 말 이틀 동안 비가 내리더니 5월의 시작과 함께 열흘 남짓한 기간 동안 새파란 이파리가 폭발적으로 뿜어져 나오는 것이 아닌가. 잎을 피우고 열매를 맺을 수 있는 시간이 짧으니 식물들 역시 한껏 바쁘게 살아가는 나라가 바로 스웨덴이다. 봄이라고 해 봐야 5월 한 달 정도이다. 5월 하순, 라일락꽃 향기가 온 동네에 그윽한 날에도 온도는 간혹 영상 10도 전후까지 떨어져 외출할 때는 방수 점퍼나 가벼운 패딩이 필수이다.

북유럽의 여름은 한마디로 설레는 계절이다. 학생들은 6월 중순부터 8월 중순까지 긴 방학을 보낸다. 보통 6월 하순경의 하지를 스웨덴어로 'midsommar'라고 하는데, 이는 '여름의 가운데'라는 뜻이다. 이날은 스웨덴의 가장 큰 축제 중 하나로, 북유럽 사람들 모두가 그동안 누리지 못했던 낮과 햇볕을 실컷 즐긴다. 기나긴 6개월 동안의 겨울을 이겨 낸 모든 사람을 위한 승리의 날인 것이다.

스웨덴은 호수의 나라로, 9만여 개의 호수가 있다고 한다. 1년 강수량이 700mm 전후로 우리나라의 절반 정도에 불과한데, 어째서 이리 물이 많을까? 우리나라는 여름 한철 장마철에 퍼붓는 비가 강수량의 대부분을 차지한다. 하지만 북유럽은 비가 오는 날이 우리나라와 비교할 수 없을 정도로 많다. 수시로 내리는 비가 암반 지층 위로 넉넉하게 스며들어 수많은 호수를 만들어 낸 것이다. 그 많은 호수에서 북유럽 사람들은 여름을 만끽한다.

또 하나 특이한 점은 바다가 매우 잔잔하다는 것이다. 큰 파도나 너울이 없으니 바닷가와 불과 몇 미터 떨어지지 않은 바위 위에 건물을 짓는다. 아이들은 그 잔잔한 잉크빛 바다에 뛰어들고, 어족 자원 관리도 철저해 초보 낚시꾼들조차 손맛을 실컷 즐길 수 있다.

잔잔한 호수와 바다에서, 파란 하늘이 드리워진 수면을 바라보며 망중한을 즐기다 보면 세상의 온갖 시름은 온데간데없이 사라지고, 짧고도 강렬한 여름이 깊어 간다.

8월 중순 즈음이면 북유럽 야산 어디에서나 블루베리 등 베리류를 채취할 수 있다. 대부분의 북유럽 야생 과일은 특별한 경우가 아니면 채취가 허용된다. 타인의 사적인 재산이라도 그 고유한 권리를 해치지 않는 범위 내에서는 누구나 그것을 누리도록 허용하는 제도이다. 쉽게 말하자면, 토지 공개념이라고 할 수 있다. 타인의 토지라도 당장 농사를 짓지 않는 땅이라면 그곳에서 야영도 할 수 있다.

9만여 개의 호수가 있는 스웨덴
연간 강수량이 우리의 절반 정도이지만, 폭우는 없고 보슬보슬 내리는 비가 대부분이다. 자연이 원형 그대로 보존된 이곳에서 우리 가족은 낚시를 즐기고, 수영하며 시간을 보냈다. 백야의 여름에는 밤 10시까지도 훤해서 밤늦도록 불을 피우고 가까운 이웃들과 오순도순 이야기를 나누기에도 안성맞춤이다.

스웨덴 남서부에 위치한 보로스Borås의 람나파켄Ramnaparken 공원
보로스는 섬유와 의류 산업이 발달한 도시로, 간혹 이 분야를 공부하러 온 우리나라 학생들도 만날 수 있다. 공원에서는 간단한 요리도 해 먹을 수 있다. 언제 어디서나 간편하게 그릴 요리를 즐길 수 있었는데, 최근에는 여름철 산불 위험으로 인해서 제한하는 일도 있다고 한다.

노르웨이 게이랑에르 피오르Geirangerfjord는 전망대에서 내려다볼 수도 있지만 보트를 타고 즐기면 또 다른 맛이 있다. 운이 좋다면 바다표범이나 돌고래도 만날 수 있다.

노르웨이 송네 피오르Sognefjord 여행 중에 만난 평화로운 작은 마을

북유럽은 운전하기 편한 곳이다. 도로가 붐비지 않아 누구나 편하게 운전할 수 있다. 그리고 경치 좋은 곳 어디에나 캠핑장이 있고, 그곳의 조그만 오두막Stuga을 저렴하게 빌려 숙식을 해결할 수 있다. 북유럽 여행은 경비가 많이 든다고 생각하는데 이는 선입견이다. 특히 노르웨이에서는 싱싱한 연어와 새우를 싼 가격에 구해 질리도록 먹을 수 있다.

노르웨이 피오르 여행의 백미는 플롬Flåm에서 협곡을 따라 올라가는 기차 여행이다. 키오스포센 Kjosfossen 폭포 등 결코 잊지 못할 절경을 마주할 수 있다. 오랜 시간 빙하가 만들어 낸 웅장한 자연이 우리에게 큰 감동과 겸손을 일깨운다. 크루즈나 페리로 여행하는 이들에게도 필수 코스가 되어 항구에서는 전 세계 곳곳에서 온 사람들을 만날 수 있다.

테슬라를 키운 나라 노르웨이

2024년 노르웨이에서 팔린 자동차 10대 중 9대가 전기차라고 한다. 오래전부터 시내 곳곳에 전기차 충전 인프라를 갖추고 파격적인 인센티브(차량의 절반 가까운 등록세, 부가세 등 세금 감면)로 전기차 시대의 선두를 달리고 있다. 매연과 공해가 없는 깨끗한 환경, 공기가 참 맛있는 곳 북유럽, 그중에서 노르웨이는 으뜸이라고 할 수 있다. 청량한 공기로 몸을 꽉꽉 채워 리프레시 하기에 더없이 좋은 나라이다.

북유럽 대도시에 흔한 트램 (노면 전차)

트램은 대부분 일반 도로에 레일을 깔아 다른 차들과 도로를 공유한다. 스톡홀름, 오슬로, 예테보리 등 북유럽 주요 도시에서 운행하고 있다. 북유럽에서 처음 운전할 때 뒤에서 기차가 쫓아오는 느낌에 아찔했던 경험이 있다. 사진은 북유럽 최대 트램 시스템을 갖춘 예테보리 모습이다.

나는 아이들과 숲에서 블루베리, 와인베리 등 딸기류는 물론, 야생 자두와 사과, 버섯 등을 채취하는 일을 좋아했다. 나 같은 초보자들을 위해 어떤 종류의 야생 과일이 어디에 군락을 이루고 있는지 알려 주는 애플리케이션도 있다. 북유럽 여행에서는 시기만 잘 맞춘다면, 다양한 야생 과일까지 맛보는 보너스 같은 행운을 얻을 수 있다.

북유럽의 겨울

우리 가족이 살던 스웨덴의 예테보리 Göteborg는 스칸디나비아반도 서남부에 위치하고 있다. 수도인 스톡홀름 Stockholm 다음으로 큰 제2의 도시로, 인구는 약 500만 명 정도이며 예전에는 조선업 등이 발달했었다.

위도상 시베리아와 비슷한 위치여서 매우 추울 것 같지만, 대서양 멕시코 만류의 영향으로 영하와 영상 온도를 오가는 수준이다. 그래서 우리나라의 겨울보다 따뜻하고 비가 오는 날이 많다.

강렬한 여름이 지나면 9월부터 찬바람이 제법 옷깃을 여미게 하고, 10월부터는 급격히 낮의 길이가 짧아지며 부슬부슬 비가 오는 날이 많아진다. 나는 낮부터 비가 오면 빈대떡이라도 부쳐 놓고 막걸리 한잔하기 딱 좋겠다는 호기로운 생각에 흑주黑晝의 세상도 견딜 만할 것이라는 자만이 있었다. 하지만 이건 완전 착각이었다. 어둠에 갇혀 있다는 느낌이 들기 시작하자 그 답답함은 쉽게 견딜 수가 없었다. 그제야 나는 왜 많은 스웨덴 사람들이 1년 전부터 크리스마스 여행을 계획하고 해와 낮을 즐길 수 있는 스페인 등 남유럽이나 태국 등 동남아로 대탈출을 하는지 이해할 수 있었다.

스웨덴에서 지내다 보면 유독 태국 식당과 태국 사람이 많은 것을 알 수 있다. 스웨덴 사람들은 긴 겨울 크리스마스 휴가철이 되면 따뜻한 남유럽 못지않게 태양이 내리쬐는 태국으로 여행을 떠나는 사람들이 많다고 한다. 근래에는 매년 35만여 명이 태국을 방문한다고 한다. 더러는 날씨가 좋고 음식도 맛있는 태국에서 여자를 사귀어 같이 귀국하고, 그 후에 여자의 가족도 초청하여 스웨덴에서 함께 사는 경우가 제법 있다고 한다.

아무튼, 계절의 절반인 겨울을 알차게 보내는 것은 스웨덴 생활의 성공

여부를 결정짓는 열쇠이다. 스웨덴 사람들은 겨울에 일도 많이 하고 학생들은 학업에 열중하며 잠도 많이 자기 때문에 키가 부쩍 크는 시기이다. 처음에는 답답해 했던 나도 나중에는 하얀 설원을 감상하고 신비로운 오로라를 기다리는 설렘으로 북유럽의 한겨울을 잘 지내게 되었다.

간혹 겨울에 스웨덴에 여행 온 사람들은 2주간 해를 한 번도 보지 못했다고 투덜대며 돌아가기도 한다. 흑주의 대낮을 음미하고 고요함 속에 자신과의 대화를 즐길 준비가 되어 있지 않다면, 한겨울 북유럽 여행은 권하고 싶지 않다.

한겨울 별장에서의 심신 치유, 겨울 사우나
북유럽의 별장은 대부분 장작 난로가 필수이고, 핀란드는 사우나 없는 별장(여름집)은 찾기 힘들 정도라고 한다. 겨울 사우나는 북유럽 겨울의 추위와 어둠 속에서 신체와 정신을 씻고 치유하는 의미가 있다. 그 속에는 명상이 있고 가족, 친구와의 대화가 있다. 몸을 충분히 데워 땀을 쭉 빼고 자작나무 가지로 서로를 두들겨 마사지를 한 후에 차가운 호수로 뛰어든다. 극한 온도 차이에서 오는 각성과 쾌감이 있다.

크리스마스 트리, 전나무

높이 40m까지 자라는 아주 큰 나무에 눈이 쌓이면 어린 시절 텔레비전 만화에서만 보던 루돌프가 나무들 사이를 비집고 썰매를 끌고 나올 것 같다. 북유럽의 대표적인 수종은 전나무, 자작나무, 소나무, 참나무이다. 울창한 숲속의 산림자원만으로도 스웨덴 사람들이 100년은 먹고 살 수 있다는 말이 있다.

스웨덴 남서부의 회뇌Hönö라는 작은 섬의 한가로운 겨울 항구
겨울 낮임에도 제법 어두워 곳곳에 켜진 가로등이 여행객들을 맞이하고 있다.

스웨덴의 복지

'부자는 포기해, 대신 절대 가난하지 않게 해 줄게.'

스웨덴에서는 치과의사와 버스 기사의 급여가 똑같다는 말이 있다. 월급 차이는 크지만, 많이 버는 만큼 세금을 많이 내기 때문에 세금을 낸 이후 실제 월급은 별 차이가 없다는 의미이다.

스웨덴 사람들은 보통 평균 35% 정도의 세금을 낸다. 그들에게 세금을 수입의 절반 가까이 내고도 불만이 없냐고 물어보면, 국가에서 자녀 교육, 의료 등을 무상으로 제공해 주니 조세 저항을 별로 느끼지 않는다고 한다. 실제로 조사해 보면 조세 만족도가 80% 넘게 나온다. 그리고 그들에게 세무서는 생활 가까이에서 출생, 결혼, 사망, 주민등록 등 모든 관리를 해 주는 아주 친숙한 공간이다.

단기간 머무는 외국인에게도 주민등록번호만 나오면 아이들의 학비는 물론, 학용품 등 학교생활에 필요한 물품까지 무상으로 받을 수 있고, 큰돈이 드는 수술도 무료로 받을 수 있다.

나는 통풍 치료를 꾸준히 받았는데 1년에 진료비나 약값이 각각 약 100유로가 넘으면 그때부터는 모든 것이 무료였다. 아이들은 아예 이런 조건도 없이 모든 게 무료이다. 덕분에 우리 작은아이는 치아 수술도 무료로 받을 수 있었다.

부작용이 전혀 없는 것은 아니다. 의사들은 일이 힘든 반면 급여는 적으니 능력 있는 의사는 취업비자 없이도 취업이 가능한 이웃 나라 노르웨이 등으로 떠난다는 말이 있다. 일부 고액 연봉 운동선수 등은 세금 문제를 피하려고 이웃 나라로 귀화하기도 한다.

그래서 우스갯소리로 '스웨덴에서는 병에 걸려도 돈이 없어서 죽지는 않는다. 그러나, 의사를 기다리다 죽는다.'라는 말이 있다.

**말괄량이 삐삐의 작가,
아스트리드 린드그렌** Astrid Lindgren
스웨덴의 동화 작가인 그녀는 총리를 만났을 때, 가축도 우리에 갇혀 살지 않고 일정 면적의 넓은 곳에서 살게 해달라고 요구했다. 이를 계기로 스웨덴에 각종 동물 복지 관련 법률이 제정되었다고 한다. 북유럽의 드넓은 평야에서 자유롭게 풀을 뜯는 가축들을 쉽게 볼 수 있게 된 데에는 그녀의 노력이 숨어 있다.

스웨덴의 치안

국립연수기관 교수로 재직 시, 북유럽의 학교 폭력 실태 등을 연구하기 위해 스웨덴을 방문했다. 그때 스웨덴에서 생활하면서 직접 본 치안은 놀라울 정도로 안전했다. 범죄율이 매우 낮고, 밤에 다니더라도 불안하지 않았다. 다만, 불안 요소가 전혀 없는 것은 아니었다. 우리나라의 경우 외국인 범죄 비율이 1% 내외인 데 반해, 스웨덴은 30%가 넘는다. 전쟁 등으로 늘어난 난민들을 많이 받아들인 결과인데, 인도적 포용이 범죄로 돌아온 것은 아이러니하다. 북유럽 4개국 중 덴마크, 핀란드, 노르웨이가 치안 순위 최상위권에 드는 반면, 스웨덴은 30위권에 머무는 것도 이러한 이유이다.

학교 폭력은 사례를 찾아보기 힘들 정도이다. 1920년대에 이미 부모의 자녀 체벌이 금지되었다. 집에서도 때리지 못하는데 학교 선생님의 사랑의 매가 허용될 리가 없다. 폭력을 보지 못하고 자란 아이들은 폭력을 모르는 듯하다.

우리나라는 딱 100년이 지난 2021년, 부모의 자녀 체벌이 법으로 금지되었다. 그동안 민법 제915조의 친권자의 아동 징계권을 근거로 체벌이 인정되었으나, 그 조항이 삭제된 것이다. 꽃으로라도 아이들을 때리지 말라 하지 않는가.

북유럽 사회가 돌아가는 기본 원리, 신뢰

2023년 한국경제연구원이 분석한 우리나라의 사회적 신뢰 지수는 조사한 167개국 중 100위를 기록했다고 한다. 그런데 노르웨이, 덴마크, 스웨덴, 핀란드는 매년 부동의 최상위권을 차지하고 있다. 이처럼 서로를 존중하고 신뢰하는 사회가 국가 성장 동력의 발판이 된다.

스웨덴 사람들은 국가를 믿고 정부나 국회의원을 신뢰하여 그들이 만든 법을 잘 지키고 세금을 내는 데에도 주저함이 없다. 그 많은 세금을 평생 내면서도 조세 저항이 없다. 그 이유는 신뢰이다. 별도의 사교육을 시키지 않아도 국가가 우리 아이의 교육과 성장을 책임질 것이고, 내가 늙어 아파도 돌봐 줄 것이라는 굳건한 믿음이 있다.

북유럽의 복지를 대표하여 '요람에서 무덤까지'라고 표현한다. 심지어 죽음 이후까지도 복지는 이어진다. 실제로 무연고로 사망한 사람들에게는 장례는 물론이고, 10여 년간 묘지 관리까지 해 준다고 한다.

누구나 정부 관료와 국회의원들을 신뢰하고 존경한다. 그들은 봉사 정신으로 철저히 무장되어 자신을 희생하며 일한다. 다른 사람에게 자신의 지위와 명예, 부를 과시하지 않는다. 자전거를 타고 출퇴근하며, 우리나라 국회의원처럼 많은 수의 보좌관과 입법 보조 비서 등을 두지 않고, 직접 또는 최소한의 행정 지원 인력으로 주어진 모든 일을 처리한다. 강한 책임감과 소명감 없이는 할 수 없는 일이다.

또한, 개인 간의 관계에서도 서로가 신뢰한다. 길에 떨어진 아이의 장갑이나 놀이터에 두고 간 장난감은 주인이 찾아갈 때까지 그대로 둔다. 나도 자전거를 타고 가다 떨어뜨린 목도리를 일주일 후에 도로 옆 나뭇가지에서 발견해 찾아온 적이 있다.

서로가 믿을 수 있는 정직한 공동체에서의 삶은 행복을 느끼기에 충분하다. 그래서 북유럽 국가들은 행복 지수도 늘 상위권에 든다. UN 지속가능발전해법네트워크SDSN는 GDP, 기대 수명, 사회적 지지, 선택의 자유, 아량, 부정부패 등을 지수화하여 국가 행복 지수를 산출한다. 최근 3년(2021~2023년)간 평균에 따르면, 핀란드가 1위, 덴마크가 2위, 아이슬란드가 3위, 스웨덴이 4위를 차지한 반면, 아쉽게도 우리나라는 52위에 머물렀다.

자녀 입학식에서 줄 서 있는 스웨덴 국왕
스웨덴 국왕 칼 구스타프Carl XVI Gustaf는 왕비 실비아와의 사이에 세 자녀를 두었다. 이 사진은 둘째인 칼 필립의 학교 입학식 모습이다. 한 나라의 왕이지만, 자녀 입학식에서는 다른 사람들과 동등하게 줄을 서서 입학 절차를 밟는 모습이 신선하다.
(사진 출처: 한국외대 스칸디나비아어학과 변광수)

북유럽 사람들의
문화 감성

북유럽 사람들이 살아가는 모습을 보면서
'저런 행동과 생활 양식은 어디서 왔을까?' 하고 고개를 갸웃할 때가 많았다.
서양 사람들은 자존심이 세고 개인주의 성향이 강할 것이라는
막연한 선입견이 있었는데,
내 생각과는 다른 모습들이 많았기 때문이다.

나의 궁금증을 풀어 준 열쇠는 다름 아닌
그들의 '공동체 우선' 문화였다.

그들은 공동체의 규칙과 의무는
누가 보든지 안 보든지 당연히 지켜야 한다고 생각한다.
특정한 사람이나 계층만을 위한 예외나 특권은 자리 잡기 힘들다.
권력을 쥔 자나 부자들이 으스대는 행동은
몰상식으로 간주된다.

공동체 우선 문화가 유지되는 저변에는 개개인의 겸손이 자리 잡고 있다.
겸손은 북유럽 사회를 관통하는 가장 큰 정신적 가치로서,
사회 곳곳에 깊게 뿌리내리고 있다.

과도한 욕심을 부리지 않는 절제 또한
북유럽 사람들 마음속에 내재된 가치이다.

동양인의 눈으로 얼핏 보면 이해되지 않는
혼전 동거, 노출, 술 문화 등도 이러한 관점으로 바라보면
고개를 끄덕이게 되고,
집 안을 꾸미는 문화 등도 자연스레 와닿는다.

얼굴을 보면 그 사람의 됨됨이를 대강 짐작할 수 있듯이,
한 공동체의 사람들을 보면
그 공동체의 문화 수준을 가늠할 수 있다.

북유럽 사람들을 관찰하고 들여다보면 볼수록
그들은 나에게 이렇게 속삭이는 듯하다.

"여유를 갖고 겸손하게 주위를 돌아봐!
잘난 체할 생각은 꿈도 꾸지 말고."

라곰 Lagom 문화

Lagom är bäst.
적당한 것이 가장 좋다.

_ IKEA 매장 문구 중에서

스웨덴 기업인 이케아 매장을 방문하면 'Lagom är bäst'라는 스웨덴어 문구를 볼 수 있는데, 이 말은 '적당한 것이 가장 좋다.'라는 의미이다.

'라곰'이라는 말은 원래 '여러 사람을 둘러싼'이라는 뜻을 가진 '라게트 옴 Laget om'이란 말에서 유래했다고 한다. 옛날 바이킹들이 해적 원정을 다녀온 후 축배를 들 때, 좋은 술을 소뿔에 담아 돌아가며 마셨다. 이때 술의 양이 충분하지 않아 마지막 사람까지 마시기 위해서는 각자가 적당히 마시고 다음 사람에게 양보해야만 했다. 여기서 '적당히', '양보', '중용'을 뜻하는 라곰 문화가 생겨났다고 한다.

오늘날 스웨덴 사람들은 삶의 중요한 가치를 이야기할 때 라곰을 즐겨 쓴다. 또 소뿔을 라곰의 상징물로 여겨 소뿔과 관련된 소품들을 만들고 소장하는 것을 좋아한다.

북유럽을 여행한 많은 사람들은 북유럽 사람들이 친절하다고 한다. 이 또한 라곰 문화가 사람을 대하는 데에도 녹아 있기 때문이다. 버스나 기차를 기다리면서도 모두가 거리를 두고 떨어져 있는 모습이 얼핏 보면 낯설어 보이지만, 이는 상대방이 나로 인해 불편하지 않도록 적당한 거리에서 배려하고 존중하는 것, 바로 라곰의 실천이다.

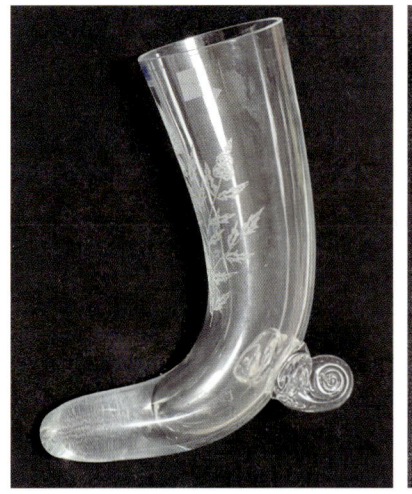

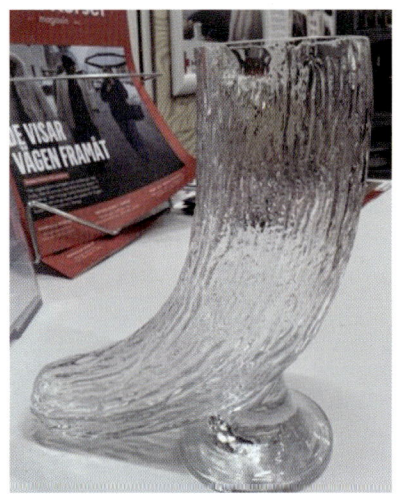
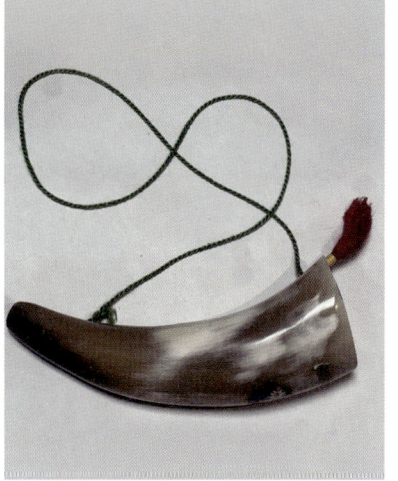

라곰의 상징인 소뿔을 모티브로 한 소품들
위쪽의 글라스는 노르웨이의 망노르Magnor 사에서 만든 핸드메이드 술잔이다. 크리스털 표면에 글라스 장인이 꽃 한 송이를 일일이 에칭한 것이 아름답다. 아래의 오른쪽은 진짜 소뿔로 만든 소품이다.

얀테의 법칙 Jante's law

___

얀테Jante는 노르웨이 작가 악셀 산데모세Aksel Sandemose의 풍자 소설 「도망자」 속 가상 마을이다. 이 마을의 생활 규범이 바로 '얀테의 법칙'인데, 우리말로 표현하면 '겸손의 법칙' 또는 '평등주의' 정도로 해석된다. 얀테의 법칙 열 가지는 아래와 같다.

하나, 내가 특별한 사람이라고 생각하지 마라.
둘, 내가 다른 사람들보다 좋은 사람이라고 착각하지 마라.
셋, 내가 남들보다 똑똑하다고 생각하지 마라.
넷, 내가 다른 사람들보다 우월하다고 자만하지 마라.
다섯, 내가 남들보다 더 많이 안다고 생각하지 마라.
여섯, 내가 다른 사람들보다 중요한 위치에 있다고 생각하지 마라.
일곱, 내가 무엇을 하든지 다 잘할 것이라고 장담하지 마라.
여덟, 남들을 비웃지 마라.
아홉, 다른 사람이 나에게 신경 쓰고 있다고 생각하지 마라.
열, 남들에게 무엇을 가르치려 들지 마라.

얀테의 법칙은 한 마디로 '내가 남들보다 더 특별하거나 낫다고 생각하지 마라.'고 가르친다. 개인의 성과보다 공동체를 중시하는 얀테의 법칙은 오늘날 비판의 대상이 되기도 하지만, 여전히 북유럽 사회 전반에서 통용되는 생활 규범이다.

언젠가 스웨덴에서 오랜 기간 생활한 한국계 북유럽과학자협회장과 대화할 기회가 있었다. 그분은 스웨덴의 총리 및 장관과 함께 한국을 방문한 적이 있었는데, 정부 고위 관료들이 모두 비행기에서 이코노미 클래스를 이용하는 모습을 보고 새삼 북유럽 사회 시스템의 저력을 느낄 수 있었다고 한다. 그러면서 세계적 기업인 이케아의 회장도 이코노미 좌석을 즐겨 이용한다고 귀띔해 주었다. 고위층들의 이러한 모습은 지나치게 타인의 눈치를 보면서 사는 것이 아닌가 싶기도 하지만, 사회적 지위와 상관없이 관계의 수평을 향해 끊임없이 줄다리기하는 그들의 노력이 부럽기도 하다.

유럽 곳곳을 여행해 본 사람이라면 북유럽 사람들이 매우 순박하고 여행자 등 이방인에게 참 친절하다고 느꼈을 것이다. 북유럽 사회의 근간에 흐르는 얀테의 법칙은 일상생활에서는 친절과 양보를, 정치와 경제에서는 대화, 협치, 절제, 연대를 이끌어 내어 모범적인 사회민주주의의 운영이 가능하도록 한다.

집의 의미

몇몇 스웨덴 사람들에게 "스웨덴에도 큰 부자들이 있을 텐데, 왜 으리으리한 집이 없고 크기나 외관이 다 비슷한가?"라고 물었더니, "북유럽에서 자기가 부자라고 잘난 척하는 것은 천박한 행실이다."라는 답이 돌아왔다.

우리는 형편이 나아지면 조금씩 큰 집으로 이사하는 것을 자연스럽게 생각하는데, 스웨덴 사람들은 돈을 벌었다고 해서 큰 집으로 이사하는 경우가 드물다고 한다. 식구가 늘어 굳이 더 넓은 공간이 필요하면 목조 주택을 조금씩 넓혀 가며 산다. 스웨덴에서는 한 번 집을 사면 좀처럼 이사하는 일이 없다. 거의 평생을 같은 곳에서 겨울날 수북이 쌓이는 함박눈과 같은 추억을 켜켜이 쌓으며 살아가는 것이다.

스웨덴은 집값의 85%를 대출해 주고, 최장 무려 140년간 나눠 갚게 한다. '할아버지 대부터 손자 대까지 천천히 갚으라!'는 정신이다. 주택 담보 대출로 인한 가계 부채 비율도 전 세계에서 가장 높은 편에 속한다.

스웨덴에 머물던 2013년, 우리 가족은 약 20평 정도의 아파트에서 월세 170만 원을 내고 지냈다. 어느 날 우연히 아파트 빨래방에서 77세의 마리안 할머니를 알게 되어 이후 가깝게 지냈다. 함께 산책하면서 스웨덴어를 공부하기도 하고, 북한 공연단이 왔다고 해서 같이 공연을 보러 가기도 했다. 어떤 날은 자전거를 타고, 당신 딸과 동생의 무덤에 있는 꽃에 물을 주러 가기도 했다.

그 할머니는 약 30평형대의 비교적 널찍한 아파트에서 살았는데도 임대료는 한 달에 고작 40만 원 정도만 낸다고 했다. 그리고 한 번 임차하면 대부분 평생 살 수 있다고 했다. 임대료 인상 요율도 법으로 정해져 있어 마음대로 올릴 수도 없다는 것이다. 생활 형편이 좋아졌다고 큰 집으로 이사하는 일도 드물어, 한 번 살기 시작하면 안정적으로 평생 살아가는 집이 되는 것이다.

북유럽 사람들은 일반적으로 세컨드 하우스를 가지고 있다. 휴가나 학생들의 방학이 유난히 긴 여름에 주로 지내는 집이라고 해서 여름집Summer house이라고 부른다. 호숫가나 숲속 등 자연환경에서 전기, 수도, 인터넷 시설 없이 지내는 경우가 흔하다.

스웨덴의 붉은색 전통 가옥
붉은색 전통 가옥은 숲, 호수, 초원과 아름답게 어울린다. 전통 가옥의 목재 외벽은 방부 기능이 있는 '팔루 빨강Falu Rödfärg'이라는 붉은색 페인트를 칠하고, 창틀은 그와 대비되는 흰색 페인트를 칠한다. 지붕은 눈이 쌓이지 않도록 경사지게 만들고, 창문은 열 손실을 줄이기 위해 비교적 작고 두껍게 만든다고 한다. 아직도 시골에 가면 전통 가옥을 흔히 볼 수 있다.

스웨덴 서부의 아름다운 해안 도시
스뫼겐 Smögen
새우와 스벤스크 크랩이라는 맛 좋은 대게로 유명한 곳이다. 해변가의 커다란 바위 위에서 일광욕을 즐기며 북유럽 대게와 새우의 맛을 즐길 수 있다. 도시 미관을 위해 집주인은 반드시 몇 년 단위로 페인트칠을 해야 하는 규정이 있다. 그리고 집을 지을 때 집터의 바위 등 지형지물을 되도록 그대로 살려서 짓기 때문에 자연스러운 멋이 있다.

쌈부 Sambo 문화

스웨덴 한인교회의 한 장로님으로부터 북유럽 사람들의 동거 문화에 대해 들은 적이 있다. 1980년대 상사 주재원으로 스웨덴에 왔던 이분은 "한국 사람들은 흔히 스웨덴 사람들이 결혼 전에 쉽게 동거하고 성적으로도 문란하다고 생각할 수 있는데, 이는 현지 문화에 대한 이해 부족에서 온 오해이다."라고 말해 주셨다.

스웨덴에서는 정식 결혼 절차 없이 남녀가 동거하는 것을 쌈부 Sambo라고 한다. 스웨덴어를 공부할 때 현지 선생님께 쌈부에 대해 어떻게 생각하느냐고 물었더니, 놀랍게도 자기 부모님도 쌈부라며 자연스러운 일이라고 했다. 왜 정식 혼인을 안 했냐고 하니, '그냥 두 분이 교회에서 결혼식을 올리는 것이 싫었을 뿐이고, 스웨덴은 동거법 sambolagen에 의해 재산, 출산, 양육 등에서 정식 혼인 부부와 차별이 없다.'고 했다.

스웨덴의 동거를 한마디로 정의하기는 어렵다. 여러 가지 이유로 두 사람이 만나 그냥 평생을 쌈부로 살기도 하고, 남녀가 같이 지내고 싶어 둘 중에 어느 한 명의 집으로 자연스럽게 들어가서 함께 지내기도 한다. 물론 쉽게 만나 헤어짐이 빠른 경우도 많다. 우리와 다른 것은 성인 남녀가 어떤 결정을 하든 사회적으로 차별을 겪거나 따가운 시선을 받지 않는다는 점이다.

한국인의 눈에는 스웨덴 사람들의 쌈부, 즉 혼전 동거가 낯설고 다소 문란해 보일 수도 있지만, 스웨덴 사람들에겐 또 하나의 자연스러운 복지 제도일 수 있다는 생각이 든다.

나라마다 고유의 문화가 있지만, 우리의 경우 아직도 정식 혼인 외에는 삐딱하게 바라보는 시선이 여전하다. 혼인뿐만 아니라 사회 각 분야에 있어 다름을 다양성으로 이해하고 포용하는 분위기가 확산하기를 기대해 본다.

아이를 건강하게 키우려면
적당히 지저분하게 키워라?

스웨덴 예테보리에 사는 미켈 요한손의 집에 방문했을 때, 그의 아들은 갓 돌을 지난 아기였다. 북유럽 사람들의 거실은 좌식 생활을 하는 우리처럼 그렇게 깨끗하게 관리하지 않기에 맨발로 다니는 경우는 드물고 실내화를 신어야만 한다. 그런데 돌 지난 아이가 바닥을 기어다녀도 부모는 아무렇지 않게 내버려두고, 공갈 젖꼭지를 바닥에 흘리면 손으로 툭툭 털어서 곧바로 입에 넣어 주는 것이 아닌가. 한국 사람들 같으면 젖꼭지를 바로 뜨거운 물에 삶든지 소독을 해서 입에 넣어 주었을 텐데……

한국에 살다 스웨덴으로 이주하여 사는 치과의사 지인도 갓 낳은 아이를 일주일에 한 번 정도만 씻기고 춥게 키운다고 했다. 스웨덴에서는 추운 겨울날 어린아이를 카페 밖 유모차에 두고 엄마는 따뜻한 카페 안에서 차를 마시는 광경을 심심찮게 볼 수 있다. 또한 수유는 정해진 시간이 없고 아이가 젖 달라고 울면 먹이는 식이다. 그냥 자연 친화적이지, 딱히 규칙이 있는 것은 아니다. 어쩌면 아주 오래전 우리 할머니들이 키우던 방식과 비슷하게, 심지어 자유롭게 키우지만 건강한 아이로 자라게 한다는 생각이 들었다.

마시는 물은 또 어떠한가? 북유럽 사람들은 아무런 거리낌 없이 상수도 물을 누구나 마신다. 보통 물병을 하나 들고 다니면서 화장실에서도 수도에서 나오는 물을 받아 마신다. 북유럽의 울창한 산림과 암반 지질은 수많은 호수를 만들어 수자원이 넉넉하다. 그리고 오염되지 않은 자연의 깨끗한 물은 화학약품 소독이 필요 없어 불순물을 여과한 후 곧바로 상수도에 연결하여 집집마다 사용한다. 그래서 스웨덴 사람들은 '자기 동네의 물은 어떤 특징이 있고 어떤 성분이 있어 참 맛이 좋다.'는 자랑을 곧잘 한다.

지나치다 싶을 정도로 청결하게 아이들을 키우지만 소아과를 외갓집보다 더 자주 드나들고, 미세 플라스틱 때문에 생수도 맘 놓고 못 마신다는 우리 주변 이야기를 들을 때마다 스웨덴식 '적당히'를 생각하게 된다.

자연 속에서 자라는 스웨덴 아이들

우리 가족이 살던 동네 숲속에도 규모 있는 축구장이 3개나 있었다. 아이들은 언제 어디서든 좋은 축구장을 무료로 이용할 수 있다. 어린이집이나 유치원 등 탁아 시설에도 일정 규모의 야외 운동 시설 설립이 필수 조건이다. 아이들은 눈비가 와도 야외에서 뛰노는 것을 포기하지 않는다. 축구는 남자아이들의 전유물이 아니며, 여자아이들도 상당수가 축구를 즐긴다. 아이들은 추위와 흙먼지가 잔뜩 있는 환경 속에서도 건강하게 자란다.

북유럽의 크리스마스

내가 거주하던 예테보리의 또 다른 이름은 '크리스마스 시티'이다. 크리스마스 시즌이 되면, 60만 명 정도가 거주하는 도시 전체가 아름다운 크리스마스 장식과 조명으로 정신이 혼미할 정도로 변한다. 집집마다 창문에는 별 모양이나 촛불 모양의 조명 장식을 내걸어 지나가는 사람들을 설레게 만든다. 그래서 '빛은 해가 아닌 서로의 창에서 온다.'는 말이 생겼는지도 모르겠다. 그들은 어둠과 추위보다 외로움이 더 무섭지만, 든든한 이웃이 있기에 칠흑 같은 밤도 이겨 낼 수 있다고 한다.

현지인들에게 크리스마스 행사는 오래된 종교적 믿음이자 문화적 산물이겠지만, 이방인인 내 눈에는 추위와 어둠을 이겨 내려는 각고의 몸부림으로 느껴졌다. 예수님의 탄생일인 크리스마스는 어둠의 절정이자 끝자락인 동지 무렵이고, 이를 넘어서면 다시 봄이라는 희망의 끈이 생긴다. 백야의 나라로 알려진 북유럽은 동시에 흑주의 세상이고, 그 어둠을 넘어서야만 붉은 태양을 볼 수 있다. 그 겨울 한가운데 자리한 크리스마스가 어둠에서 빛으로, 우울에서 희망으로의 가교 역할을 하고 있는 것이다.

정확히 11월의 시작과 동시에 크리스마스 분위기가 넘쳐난다. 10월부터는 급격하게 밤의 길이가 길어지는데, 이 긴 겨울을 어떻게 보내야 할지 걱정이 커지고 우울감이 밀려오는 11월에, 크리스마스는 그야말로 망망대해에서 만나는 등대와 같은 희망일 것이다. 크리스마스에는 대부분의 직장인이나 학생들이 2주 정도의 휴가나 방학 시즌을 보내고, 크리스마스 음료인 글뢰그Glögg와 진저쿠키를 즐긴다. 학교에서는 12월 셋째 주 방학 전에 크리스마스 연극과, 12월 13일 '성 루시아 데이St. Lucia Day' 행사가 열린다. 루시아는 신화에 나오는 '빛의 천사'로, 어두운 겨울을 밝혀 준다고 사람들은 믿는다. 이날은 머리에 촛불 화관을 쓴 루시아를 필두로 모든 학생들이 강당에서 성탄 캐럴을 부른다. 하얀 옷을 입고 촛불을 받쳐 들고 이루어지는 행사는 그야말로 황홀하기 그지없다. 지금까지도 큰아들이 학교 강당 한가운데에서 촛불을 받쳐 들고 친구들과 함께 성가를 부르던 모습이 눈에 선하다.

크리스마스가 막 지나고 나면, 오랫동안 계획한 햇볕 좋은 남유럽이나 동남아로의 본격적인 러시가 이어진다. 하지만 나 같은 청개구리 여행 마니아에게는 어둠이 지배하는 북유럽의 겨울이야말로 하얀 설원과 오로라를 볼 수 있는 절호의 기회이다. 북유럽에 가면 빛의 향연인 오로라를 어디서나 쉽게 볼 수 있다고 생각하지만 실은 그렇지 않다. 충분히 어두워지고 조건이 성숙되어야만 아름다운 그 빛이 나온다.

북유럽의 겨울은 고요한 어둠과 그에 순응해 살아가는 수많은 동식물과 사람들이 자연스럽게 숨죽이며 어우러지는 계절이다. 조용히 자신과의 대화를 즐기고 싶은 사람이라면, 크리스마스 시즌 북유럽 여행을 통해 진정한 북유럽의 묘미를 즐길 수 있을 것이다. 에드바르트 뭉크Edvard Munch의 그

성 루시아 데이 접시

림 '절규' 속에서 부정적인 감정의 또 다른 카타르시스를 느낄 수 있는 것처럼, 북유럽의 크리스마스에는 봄의 따스함이 느껴지는 엄마 품 같은 기운이 있다. 북유럽의 겨울, 크리스마스 소풍을 향한 기다림과 설렘은 오늘도 크고 작은 일들과 씨름하며 살아가는 내게 작은 삶의 이유가 된다.

크리스마스 시즌에는 어둠 속에서 빛으로 서로 소통한다. 그리고 묵언의 빛에는 이웃에 대한 배려와 사랑이 있다. 크리스마스 기간에는 거의 예외 없이 모든 집들이 창가를 불빛으로 장식한다.

스웨덴 예테보리 시내 중심가인 브룬스파켄Brunnsparken과 시청 앞 인근 '크리스마스 시티'라는 별칭처럼 조명의 화려함이 남다르다. 저녁 거리를 걷는 것만으로도 어려서 느꼈던 성탄의 설렘으로 빠져들 것 같다.

스웨덴 묄른달Mölndal에 위치한 이케아의 율보드Julbord (크리스마스 뷔페) 훈제 연어, 청어 절임, 미트볼 등 매우 다양한 메뉴를 저렴하게 먹을 수 있다. 크리스마스 시즌에 북유럽을 여행한다면 꼭 한번 들러 보길 권한다.

북유럽 사람들의 음식 문화

위상수학과 기하학의 권위자인 김인강 교수님께서 프랑스 대학에 계시다가 스웨덴 샬머스공과대학Chalmers university of technology에 초빙되어 떠나게 되었을 때, 프랑스 친구들이 '너 거기서 뭐 먹고 살래? 참 안됐다.'라는 농담을 했다는 말을 듣고, 그 자리에 함께 있던 모두가 크게 웃었던 기억이 있다.

오늘날은 딴판이지만, 과거에 북유럽은 추위와 낮은 일조량 등으로 인해 먹거리가 매우 제한적이었다. 그래서 자연스레 간편하고 실용적인 음식 문화가 발달했다. 추위 속에서 재배할 수 있는 작물은 감자, 호밀, 귀리 등이었다. 그리고 오늘날 북유럽에서 주식은 뭐니 뭐니 해도 감자이다. 어떤 음식을 먹든 삶거나 으깬 감자를 곁들인다. 호밀과 귀리를 거칠게 갈아 화덕 등에 얇게 구운 크네케브뢰드Knäckebröd라는 빵도 즐겨 먹는다. 입에 넣었을 때 바삭바삭한 식감 외에는 거의 아무 맛도 느낄 수 없지만, 오래 씹을수록 곡물 특유의 고소함과 단맛을 느낄 수 있다. 언젠가부터는 생선 알과 치즈로 짭조름하게 만든 캐비어를 치약 모양의 용기에 넣어 크네케브뢰드와 함께 먹는다.

북유럽의 대표적인 생선으로는 연어, 대구, 고등어 그리고 청어가 있다. 그중 청어 절임은 소금과 식초, 설탕, 양파, 후추로 맛을 내는데, 대표적인 북유럽 음식으로 겨울철 크리스마스 뷔페에도 빠지지 않고 나온다. 청어 절임은 날씨가 좋을 때 넉넉하게 잡아 절여 먹는 저장 음식인데, 나도 처음에는 비릿하고 물컹한 식감 때문에 거부감이 컸다. 그러나 '웬만한 음식은 세 번만 참고 먹으면 익숙해진다.'는 말처럼 자주 접하다 보니, 이제는 홍어나 과메기처럼 가끔 먹고 싶어 찾게 되었다.

북유럽에서 가장 많이 접하는 요리는 스뫼르고스Smörgås와 쇗블라르Köttbullar이다. 스뫼르고스는 '버터를 올린 빵(smör버터, gås덩어리)'이란 뜻으로, 오픈샌드위치이다. 빵에 버터를 바르고 그 위에 치즈, 햄, 깐 새우, 계란, 토마토, 야채 등을 취향에 따라 올려 먹는다. 쇗블라르는 '고기 빵(Kött고기, bullar빵)'으로, 쉽게 말해 미트볼이다. 일반적으로 간 소고기에 후추, 양파, 계란, 우유 등을 넣고 반죽한 후 버터를 넣고 둥글둥글하게 만들어 구워 내고, 그 팬에 바로 크림을 넣고 끓여 만든 소스를 미트볼 위에 얹어 먹는다. 스웨덴 현지인들과 함께 직접 조리를 하면서 배웠더니, 나도 제법 맛있고 다양한 쇗블라르를 만들 수 있게 되었다. 마리안 할머니는 특별히 사슴고기와 양고기로 쇗블라르를 만들었는데, 양고기 특유의 냄새를 극복하지 못한 큰아들을 제외하고는 모두 맛있게 먹었다. 재미있는 것은 이 쇗블라르를 달콤한 링곤베리 잼Lingonberry jam에 찍어 먹는다는 것이다. 처음에는 '잼에 미트볼이면 이상한데?'라는 생각이 들지만, 함께 먹으면 오히려 개운한 맛이 있다. 링곤베리의 폴리페놀 성분은 강력한 항산화와 지방 분해 작용에 효과적이라고 한다. 우리가 고기를 구워 먹을 때 양파나 마늘 등을 곁들이는 것과 같다고 할 수 있다.

간단하게 커피와 함께 먹을 수 있는 간식으로는, 계피향이 진한 카넬블라르(Kanel계피, bullar빵)와 바삭한 튀김 양파가 일품인 스웨디시 핫도그가 있다. 추운 겨울 북유럽 사람들은 의외로 옷을 얇게 입고 다니는 경우가 종종 있다. 심지어는 출산 후에도 찬물로 샤워를 한다는 말도 들은 적이 있다. 이렇게 추위에 강한 비결이 무엇일까 생각해 보면, 분명 먹거리와도 관계가 있지 않을까 싶다. 계피와 생강은 몸에 열을 많이 내는 음식인데, 북유럽 사람들은 의외로 이런 재료를 다양한 요리에 넣어 풍부하게 섭취하고 있다.

여행은 볼거리 반, 먹거리 반이라고 한다. 북유럽만의 독특하고 건강한 음식들은 여행의 또 다른 묘미이다. 참고로 북유럽에서는 농약이라는 것을 팔지 않는다. 모두가 유기농 또는 무농약이다. 마트에서 북유럽산 사과를 사서 옷소매에 쓱쓱 문질러 한입 베어 무는 맛은 북유럽 여행만의 또 다른 즐거움이다.

오픈샌드위치인 스뫼르고스
현지 카페에서 팔려고 진열해 놓은 스뫼르고스이다. 어디서나 가볍게 먹을 수 있는 요리이다.

쉣블라르
링곤베리잼과 잘 어우러진 미트볼과 소금, 후추 그리고 생크림을 넣어 만든 으깬 감자(매시드 포테이토)이다. 북유럽 사람들이 가장 즐기는 음식인데, 미트볼은 보통 소고기와 돼지고기를 절반씩 섞어 만든다. 서빙된 접시는 스웨덴 명품 도자기 중 하나인 구스타브스베리의 제품이다.

스웨디시 핫도그
빵 사이에 비스트로 소시지의 터지는 식감과 그 위에 토핑된 튀김 양파의 바삭한 식감이 풍미를 더한다. 서빙된 접시는 울라프로 코페의 아라비아 핀란드 루스카 라인이다.

북유럽 여행의 큰 묘미 중 하나는, 싱싱한 연어를 실컷 먹을 수 있다는 것이다. 현지 생선 가게에서 1kg당 우리 돈 약 15,000원 정도에 살 수 있다. 캐비어는 조금 짭조름하고 훈연된 생선알이 들어가서 크게 비리지는 않다.

슈퍼마켓 리들LIDL

현지인들 얘기를 들어 보면, 스웨덴의 이카막시, 윌리스, 쿱, 리들 등의 슈퍼마켓 중 리들이 가장 저렴한 슈퍼마켓이라고 한다. 오른쪽의 계피 빵 카넬블라르도 4개에 4천 원 내외의 저렴한 가격에 팔고 있다. 내 경험으로는 사진 속 리들에서 산 빵이 매우 신선하고 맛있었다.

북유럽의 노출 문화

내가 살던 아파트는 예테보리 바로 옆 묄른달시 Mölndals kommun에 있었다. 3층 높이의 아담한 미음자형 아파트였고, 그 가운데에는 볼록하게 언덕진 정원과 놀이터가 꽤 커서 평소 나는 잔디밭에서 골프 연습을 하곤 했다.

긴 겨울이 가고 봄이 되어 햇볕이 많이 들기 시작하자 아파트 정원에는 비키니 차림으로 일광욕을 즐기는 여자들이 늘어났다. 남자들은 윗옷을 모두 벗어 버리고 가벼운 달리기나 자전거를 즐겼다. 처음에는 온 사방에 유리창이 있는 주거 단지 안에서 노출이 심한 옷차림으로 선탠을 즐기는 모습이 너무 어색했다. 사람들이 많이 모이는 호수나 바닷가에도 탈의실이 따로 없다. 그냥 큰 수건을 몸에 두르고 다른 사람을 의식하지 않고 스스럼없이 옷을 갈아입는다.

나중에 스웨덴에 오래 거주한 분들로부터 노출에 대한 우리나라 사람들과의 의식 차이에 대해 들을 수 있었는데, 스웨덴 사람들은 어릴 때부터 신체 노출이 부끄러운 일이 아니라고 가르친다고 했다. 난 그제야 고개를 끄덕일 수 있었다.

역사적으로는 20세기 초부터 독일에서 나체주의 문화, Freikörperkultur; FKK가 생겨났다고 한다. 이후 독일뿐만 아니라 전 유럽으로 이 문화가 확산했는데, 일소량이 적은 척박한 자연환경과 일광욕을 하지 않으면 피부에 질환이 생기는 백인의 생물학적 특성을 반영한 것이라고도 하고, 혹자는 '옷을 입지 않은 자연 상태로의 귀환'이라고 의미를 부여하기도 한다.

한 가지 여기서 배울 만한 점은 타인에 대해 적당히 무관심을 표하는 사회적 불문율, 즉 에티켓이 있다는 것이다. 주변의 사람들이 어떤 옷을 입고 어떤 행동을 하든 상관하지 않고, 적당히 거리를 유지하며 각자의 프라이버시를 철저히 지켜 주는 문화가 그것이다.

1960년대에 대중적이었던 주간 잡지 SE 표지
엔터테인먼트와 사회, 정치, 스포츠에 대한 가벼운 가십Gossip 등을 주로 다뤘다.

북유럽과 술

스웨덴은 세계에서 가장 많이 소비되는 보드카 브랜드인 '앱솔루트Absolut Vodka'를 만드는 나라이다. 러시아처럼 추운 지역에 위치해 스웨덴 사람들도 술을 많이 마신 것 같다. 이를 증명하듯, 북유럽과 관련된 옛 영화 등을 보면 바이킹들이 독한 술을 병째 들이키는 장면을 종종 볼 수 있다.

실제로 과거 스웨덴 사람들의 술 사랑은 대단했다. 기나긴 겨울 날씨와 척박한 땅에 거주한 그들은 생필품이 자급자족되지 않으면 멀리 다른 나라까지 배를 타고 가 교역이나 약탈로 삶을 꾸려 나가야 하는 곤궁한 삶의 연속이었다.

19세기부터 20세기 초 미국 이민 붐이 일어났을 때, 전 국민 450만 명 중 150만 명이 이민 길에 올랐다고 하니 가난의 정도를 짐작할 수 있다.

그들은 늘 좌절감에 젖어 술을 즐겨 마셨으며 이로 인한 사회 문제는 심각했다. 그래서 스웨덴 정부에서는 19세기 중반부터 술을 규제하기 시작했다. 제1차 세계 대전 중에는 한 가정마다 매달 술 2리터 이상을 사지 못하도록 규제하였다. 심지어 맥주는 의사의 처방이 없으면 살 수 없도록 했다. 급기야 1922년에는 금주법을 국민투표에 부쳤는데, 다행인지 불행인지 금주법은 부결되었다.

현재도 술에 대한 엄격성은 유지되어 높은 수세를 부과하고, 3.5도 이상의 술은 국영 주류 판매점인 시스템볼라겟Systembolaget에서만 살 수 있다. 지역마다 다소 차이는 있지만, 평일 오후 6~7까지만 술을 팔고 휴일에는 아예 팔지 않아 금요일엔 시스템볼라겟마다 늘 인산인해를 이루는 진풍경이 펼쳐진다.

북유럽을 대표하는 덴마크의 맥주, 칼스버그
왼쪽은 칼스버그 크리스마스 맥주이다. 크리스마스 시즌에는 음식과 볼거리뿐만 아니라 다양한 제품에 크리스마스 별칭을 붙인 제품들이 나온다. 크리스마스를 즐기는 또 다른 방식 중 하나이다.

긴긴 겨울 할 일이 많지 않아서일까? 북유럽 사람들은 지금도 주말마다 집에서 제법 많은 술을 마신다. 그러나 그들의 술 문화는 우리나라와 사뭇 다르다. 한 스웨덴 지인은 술 문화에 대해 나름의 의견을 내놓았다.

"한국 사람들은 주중에 술을 마시고 주말에는 집에서 쉰다고 하는데, 스웨덴 사람들은 그 반대야."

국영 주류 판매점인 시스템볼라겟의 모습
매장에 들어가면 보안 요원들이 다소 삼엄하게 관리하는 분위기가 느껴지는데, 간혹 알코올 문제가 있는 사람들이 문제를 일으켜서 이를 대비하는 것이 아닌가 싶다.

북유럽의 디자인과
디자인 사랑

북유럽의 건축, 의상, 인테리어, 생활용품 등은
스칸디나비아 특유의 개성을 지니고 있다.

유럽의 건물들은 '빛과 여백, 그리고 자연으로부터'를 강조한다.
북극권에 가까울수록 지붕의 기울기가 가팔라지고
건축 시기에 따라 형태와 색채 변화를 보이는 개별적인 차이가 있지만,
기본적으로 모든 건축은 자연과 조화를 이루려고 애쓴다.

인테리어도 마찬가지이다.
가구, 조명, 벽지 등은 하나하나 아름다우면서
파스텔 톤의 밝은 색감이 편안하기 이를 데 없다.

길거리에서 만나는 사람들의 옷차림도 하나같이 간결하다.
방수가 잘되는 검은색 원단의 후드 점퍼가 대세다.

명품도 흔하지 않다.
추적추적한 해양성 기후에서는 화려한 명품들이
제 빛을 발하기 어렵기 때문이다.

북유럽 가구들은 천연 소재에서 오는 편안함이 배어 있고,
그릇들은 실용적이며 사용하기에 더할 나위 없이 편리하다.

북유럽 라이프 스타일을 대표하는
「북유럽의 집」 저자인 토마스 슈타인펠트 Thomas Steinfeld 는
'북유럽의 프로테스탄티즘 Protestantism 은 모든 장식을 불필요한 잉여이자
버려야 할 악으로 규정한다.'라고 했다.

북유럽 디자인은 심플하고 절제되어 있으며,
불필요한 장식들을 과감하게 버렸다.
북유럽 사람들은 디자인 회의에서 '더할까, 뺄까' 고민이 된다면
일단 빼는 것이 정답이라는 결론에 이르는 경우가 허다하다고 한다.

삶은 디자인이 되고,
디자인은 다시 삶을 풍성하게 한다.
그래서, 삶과 디자인은 그 경계가 없다.

그릇과 문화

얼마 전, 고향에 내려가다 전주에 들러 음식 맛이 좋기로 소문난 가정식 백반집에 갔다. 요즘은 전주비빔밥이나 콩나물국밥 못지않게 정갈한 가정식 백반집들도 많은 미식가들을 불러들인다고 한다. 소문대로 음식 맛은 탁월했다. 맛깔나는 나물에 조그마한 크기지만 간이 잘 밴 조기구이, 구수한 솥밥 누룽지까지. 배불리 먹고도 가격까지 저렴하니 그야말로 '여기가 맛의 고장이구나.'라는 생각이 절로 들었다. 다만, 음식이 나오자마자 아쉬웠던 건 바로 그릇이었다. 음식 맛이나 수준은 서울의 유명 한식당 못지않은데, 잔뜩 색이 바래고 한쪽이 시커멓게 그을려 흉해 보이는 플라스틱 그릇에 담긴 음식들은 마치 누추한 옷을 입혀 놓은 신데렐라 같은 느낌이었다.

북유럽의 식탁 위 음식은 잘 차려낸 것이 미트볼에 감자 샐러드, 그라탕이나 스테이크 정도로, 우리의 잘 차려진 음식과는 비교할 수 없이 가짓수나 모든 것에서 소박하다. 하지만 손 자수로 꾸민 예쁜 식탁보 위에 놓인 화려한 은촛대, 격식에 맞게 놓인 예쁜 실버 커틀러리Cutlery, 그리고 예쁜 도자기 접시들은 차려진 음식들의 격을 한 단계 올려주기에 충분하다. 심지어 나중에는 어떤 음식을 먹었는지는 잘 기억나지 않고, 그 식탁의 분위기와 그릇 디자인만 기억에 남는 일도 많다.

인류 문화사에서 그릇이 차지하는 비중이 얼마나 되는지는 잘 모르겠다. 하지만, 동서양을 막론하고 좋은 그릇, 이쁜 그릇을 만들어 내고 사용하고 싶은 열망은 매우 컸고, 그 정점에는 도자기가 있다. 도자기 하나만 보더라도 그 공동체의 문화 수준을 짐작할 수 있다. 왜냐하면 하나의 도자기 안에는 그 집단의 모든 기술과 예술, 그리고 사상이 녹아들어 있기 때문이다.

'그릇이 음식 맛을 결정한다.'는 말을 나는 믿는다. 혼자 있는, 다소 우울한 날이면 장식장에서 가장 아끼는 그릇을 꺼내 음식을 담고 크리스털 캔들홀더에 작은 양초 하나를 켠 후 음식을 즐기다 보면, 나 자신을 소중하게 대접하는 느낌이 들고 어두운 생각들도 어느새 저만큼 사라지고 없다.

인구 약 60만 명 정도의 아름다운 도시, 예테보리 인근 란드베테르공항 Göteborg Landvetter Airport 벽면은 아기자기한 도자기들과 화려한 색감의 말 그림(달라호스 Dalahäst)으로 장식되어 있다. 스웨덴 사람들이 도자기를 단지 식기로만 생각하지 않고 얼마나 문화적인 예술품으로 생각하는지, 자국의 도자기에 대한 자부심이 얼마나 큰지 짐작할 수 있는 대목이다. 그리고 벽에 조화롭게 걸어 두기만 해도 아름다운 인테리어가 완성될 만큼, 하나하나를 예술품으로 탄생시킨 장인들의 탁월한 디자인 감각에도 다시 한번 놀란다.

란드베테르 공항 벽에 장식된 그릇들과 달라호스
스웨덴을 내 집처럼 자주 오가는 나에게 이곳은 늘 반갑게 맞아 주는 친구처럼 정겨운 장소이다. 스웨덴에 도착하자마자 '그래, 여기가 바로 북유럽이지.' 하는 생각이 절로 든다.

피카 Fika 문화와 디자인

오전과 오후, 나른한 시간에 사무실 등 실내에서 일하는 사람뿐만 아니라 현장에서 일하는 근로자들까지도 삼삼오오 모여 따뜻한 커피에 카넬블라르라고 불리는 계피 빵 등을 즐기는 '피카'는 스웨덴 사람들의 오래된 휴식 전통이다.

피카 시간에 오가는 대화의 소재는 다양하다. '직원의 생일을 어떻게 축하할지', '지난 해외여행은 어땠는지', '회식은 어떻게 할지' 등의 소소한 이야기부터 '난관에 부딪힌 업무를 어떻게 해결하면 좋을지'와 같은 업무에 대한 상의까지 격식 없는 대화가 오간다. 가만히 관찰해 보면, 이 오래된 피카 문화가 스웨덴의 아이디어 산실이 아닐까 싶다. 그래서 그런지 거창하진 않지만 인류의 삶에 요긴하게 쓰이는 발명품들이 스웨덴에서 많이 나왔는데, 자동차 사고 시 생명을 지켜 주는 안전벨트, 옷이나 가방 등에 편리하게 쓰이는 지퍼, 종이 우유 팩 같은 것들이 바로 그것이다.

경직된 사회에서는 조언하는 일도, 조언받는 일도 꺼리게 된다. 반면, 스웨덴 사람들은 '지금 내가 만드는 옷을 이렇게 디자인할 생각인데 어때?', '이 도자기에는 어떤 색깔이 좋을까?' 등의 질문을 스스럼없이 던지고 또 편하게 받아 준다. 그러는 사이 개인에게 부과된 일이 공동체적 협업으로 발전하여, 물건의 쓰임이나 디자인의 질을 한층 높여 주는 성과를 만들어 낸다.

오래 두고 봐도 질리지 않는 자연스럽고 수준 높은 디자인은 타인과의 공감과 여유로운 커피 향이 어우러지는 피카 문화에서 비롯된다고 해도 과언이 아니다.

자동차 부품 등을 쌓아 놓고 파는 창고형 매장인 빌테마Biltema의 레스토랑

이곳에서는 커피와 계피 빵을 우리 돈 약 2,000원 내외로 즐길 수 있다. 그리고 아주 대중적인 스웨디시 핫도그도 빵에 소시지와 양파 튀김을 넣고 그 위에 머스터드와 케첩을 바른 것이 전부인데, 씹었을 때 질 좋은 소시지가 입안에서 터지는 식감 때문에 자주 먹게 되는 간식이다.

세컨핸드 숍과 공동체 정신

스웨덴 생활에 조금씩 적응해 나갈 무렵, 나는 스웨덴 사람들의 일상생활 속으로 더 깊숙이 들어가고 싶었다. 고민 끝에, 교회 선교사님의 소개로 봉사 활동에 참여할 수 있었는데, 꽤 규모 있는 현지 교회에서 운영하는 세컨핸드 숍에서 매주 수요일과 토요일, 4시간씩 각종 물건을 나르고 닦고 정리하며 판매를 도와주는 일이었다.

이 자선 단체는 2013년 당시 우리 돈으로 약 10억 원을 모금해서 이집트와 티베트에 학교와 병원을 지어 주는 사업을 추진하고 있었다. 생김새뿐 아니라 다양한 삶과 사연을 가진 사람들 틈에 자연스럽게 녹아들어, 의미 있는 일을 함께 하는 것은 즐거운 일이었다.

그중에서도 가장 기억에 남는 것은 세계적인 자동차 제조 회사인 볼보 Volvo의 회장 부인이 우리 매장을 방문한 날이었다. 평소에도 우리 매장을 가끔 방문한다는 회장 부인은 그날도 매장에서 직원이나 손님들과 담소를 나눈 뒤, 자신이 걸치고 온 옷과 신발을 그 자리에서 기부했다. 그리고는 매장 안에 전시된 헌 옷과 신발을 사서 걸치고 가는 것이었다. 다른 세상에 살 것만 같은 최상류층 인사가 공동체의 일원으로서 일반 시민들과 스스럼없이 어울리고 의미 있는 일에 적극적으로 동참하는 모습은 내게 꽤 신선한 충격이었다.

세컨핸드 숍에는 의류나 생활용품뿐만 아니라, 금은보석이나 미술품처럼 값나가는 물건들도 기꺼이 기부되고, 이 물건들은 경매 등을 통해 의미 있는 곳에 쓰인다. 세컨핸드 숍이라는 공간에서는 모두가 각자의 처지에 맞게 봉사를 한다. 경제적 여유가 있는 사람은 좋은 물건을 기부하고, 시간이 되는 사람들은 물건을 정리하고 가격을 책정하며 직접 판매하는 육체노동에 기꺼이 참여한다. 특히 나이 든 사람들에게 자원봉사는 이웃들을 만나 소통하고 소소한 즐거움을 나누는 중요한 커뮤니티의 한 형태이다. 이런 이유 때문인지, 스웨덴 성인을 기준으로 한 월간 봉사 시간은 10시간 내외로 세계에서 가장 많은 수준에 속한다.

세컨핸드 숍에서의 또 다른 재미는, 세월의 흔적과 장인의 정성이 고스란히 남아 있는 앤티크 가구, 유리 제품, 도자기, 가죽 제품 등 온갖 다양하고 신기한 물건들을 한자리에서 접할 수 있다는 점이다. 북유럽 사람들은 남녀노소를 불문하고 앤티크나 빈티지 등 오래된 물건에 대한 사랑이 유별날 뿐만 아니라 지식도 해박했다. 매장에서 만나는 사람마다 자신들이 아는 앤티크 지식을 동양에서 온 나에게 알려 주는 것을 즐거워했다. 그들에게는 세컨핸드 숍에 있는 모든 물건이 허름하고 낡은 중고품이 아니라, 공동체의 역사와 삶의 흔적이 오롯이 담긴 자랑거리이자 보물들인 것이다.

이에릭스엘펜Erikshälpen 세컨핸드 숍에서

지역사회 커뮤니티 공간인 세컨핸드 숍
나이 든 어르신들은 이곳에서 봉사 활동을 하며 친구들을 만나 어울리고 웃고 즐긴다. 물건을 닦고 나르며 카운터를 보고 심지어 배달까지 열심히 한다. 퇴직 후 무료한 주말을 의미 있는 일로 소일하는 것은 정신 건강에도 유익한 활동으로 보였다.

설렘의 공간 플리마켓&앤티크 숍

스웨덴어로 로피스Lopis는 벼룩시장이라는 뜻이다. 현지의 많은 사람들에게 로피스는 '누구나 한 번쯤 가지고 싶었던 물건을 저렴한 가격에 득템할 수 있는 기회의 공간'이다. 특별히 나에게는 '설렘의 공간'이다. 자신의 물건을 팔기 위한 참가 비용 약 1만 원을 낸 후, 자리 배정을 받고 차 뒷문을 열어 테이블 위에 주섬주섬 물건을 펴면, 어느새 사람들이 몰려든다. 때로는 무료 나눔도 많다. 아이스크림과 핫도그, 솜사탕을 파는 장수도 있어 아이들에게도 훌륭한 주말 놀이터이다. 그야말로 모두가 행복한 웃음이 있는 설렘의 공간이다. 보통 봄부터 가을까지 매주 토요일, 오전 10시부터 오후 3시 정도까지 문을 연다.

여행길에서 만난 니콜라이라는 덴마크 친구는 캠핑카를 타고 유럽 전역을 여행하며 플리마켓에서 물건을 팔아 필요한 비용을 마련했는데, 그런 사람들이 꽤 많다고 하였다. 당시 니콜라이는 이젠 집에 돌아가야 한다며, 꽤 많은 양의 물건을 내게 몽땅 주겠다고 했다. 내 모습이 너무 허술하고 곤궁해 보였나 싶어 당황해하며 그럴 필요 없다며 돈을 주려고 했는데도, 그는 괜찮다며 물건을 다 가져가라고 했다. 횡재는 맞았지만, 왠지 미안하고 쑥스러운 상황이었다.

플리마켓에서는 생필품과 더불어 의류나 농장에서 갓 수확한 신선한 농산물을 팔기도 한다. 집에서 따온 사과를 돈을 받지 않고 먹어보라고 선뜻 권하는 사람도 많다. 이처럼 현지인들과 가장 가까이에서 만나고 얘기하고 즐길 수 있는 곳이 바로 플리마켓이다.

나는 스웨덴의 한적한 시골을 여행하면서 '앤티크 숍' 매장 안내 표지판

스웨덴 예테보리에서 가장 큰 플리마켓 Slottsskogsgatan Loppis
물건을 차에 싣고 와서 팔기도 하고, 무료 나눔을 하는 사람들도 많다.

이 있으면 자연스럽게 들어간다. 정말 수백 년은 됨직한 농기구들부터 목수가 쓰던 목공 연장까지, 처음 보는 신기한 물건들이 참 많다. 이게 도대체 어디에 쓰는 물건인지 상상하는 재미도 있다. 심지어 가게 주인조차 구체적인 용도를 잘 알지 못하는 일도 있다. 끝없는 상상의 세계로 안내하는 북유럽의 시골 앤티크 월드, 이 또한 직접 경험해 볼만하다.

한적한 시골 마을에 위치한 앤티크 숍들

여름 필드 옥션 Sommarauktioner

스웨덴에 거주하며 사귄 마리안 할머니와의 소중한 추억 중 하나는 여름철에 열리는 필드 옥션 현장을 함께 방문한 일이었다. 여름 필드 옥션은 백야의 계절에, 드넓은 광장이나 한적한 시골에서 열리는 현장 경매이다.

북유럽의 긴 여름휴가와 방학은 대부분 시간이 여유로운 시기이기 때문에, 옥션은 이때 집중적으로 이뤄진다. 옥션을 주관하는 회사는 행사 몇 주 전부터 지역 신문 등에 홍보하고, 남녀노소 많은 사람들은 득템의 기대를 품고 경매에 모여든다.

경매가 시작되기 2~3시간 전부터 물건들이 공개되기 시작하는데, 현장에는 도자기부터 가구, 각종 생활용품, 은식기류 등 그야말로 볼거리가 너무도 풍성하다. 대를 이어 사용하거나 다락방이나 창고에 소중하게 보관해 온 물건들이 쏟아지고, 사람들은 들뜬 마음으로 경매품에 집중한다. 물건 하나하나를 살피다 보면 눈이 핑핑 돌아가고, 머릿속에서는 '그 시절에 어쩜 이런 문양으로 조각할 생각을 했을까', '이 도자기는 무슨 안료로 채색했기에 이런 색감이 나왔을까', '이 물건은 만드는 데 얼마나 많은 시간을 들였을까', '이렇게 예쁜 물건은 누가 사용했을까' 등의 질문과 감탄이 꼬리에 꼬리를 문다.

일난 물건을 대상 보고 난 나음에는 관심 있는 물선을 꼼꼼하게 확인하고, 사고 싶은 물건들을 머릿속에 우선순위로 정리한 뒤, 입찰할 가격을 미리 염두에 두어야 한다. 다른 사람과 물건을 경쟁하다 보면 좀 비싸게 샀다고 후회할 때도 있기 때문이다. 그럼에도 불구하고 낙찰을 받았을 때의 쾌감은 그야말로 짜릿하다.

옥션과 관련해서 현지에 사는 한국분을 통해 재미난 얘기를 들은 적이 있다. 스웨덴 여름 옥션에서 오래된 한국 엽서 한 장이 몇천 원에 낙찰되었는데, 나중에 알고 보니 그 엽서는 구한말 선교사로 왔던 젊은 서양 의사가 사대부의 고질병을 고쳐 준 데 대한 감사의 엽서였다. 1900년 5월 10일자 '우체엽서'로 밝혀진 이 엽서는 전문가에 의해 1억 원대의 감정 평가를 받았다고 한다. 여름 필드 옥션은 이 정도의 반전이 자주 있는 것은 아니지만, 그야말로 행복한 상상에 흠뻑 젖을 수 있는 축제의 장이다.

마리안 할머니에게 여름 옥션은 수많은 예술적 영감을 얻을 수 있는 시간이라고 한다. 평소 취미로 수채화를 즐겨 그리는 할머니는 옥션을 통해 자신의 작품 소재들을 구한다는 것이다. 할머니를 따라 종일 옥션 현장을 누비고 나서야, 나는 할머니의 말씀이 이해가 갔다. 옥션에 나오는 물건들은 오랜 시간 켜켜이 쌓인 실용성과 예술성을 고스란히 간직한 디자인을 뽐내고, 다양한 이야기를 드러내며, 저마다의 역사와 희노애락을 품은 채 사람들을 맞이하고 있었기 때문이다.

여름철 도시 외곽에서 열리는 필드 옥션 모습
여름철 야외 옥션은 꽤 자주 열리는데 북유럽 여름 여행의 묘미 중 하나이다.

한적한 야외에서 열리는 현장 경매
노신사가 물건을 유심히 살피고 있다. 왼쪽 끝에 탑처럼 높이 쌓아 올린 컵들과 티팟은 아라비아 핀란드의 코스모스 라인이다. 그 외에 초록 나뭇잎을 대칭으로 디자인한 구스타브스베리의 베르소와 로스트란드의 아니카 등 북유럽의 명품 도자기들이 새 주인을 기다리고 있다.

실내 디자인의 메카, 이케아IKEA

세계 50개국 이상의 나라에 500여 개 매장을 가진 이케아의 시작은 여느 기업 못지않게 초라했다. 설립자 잉바르 캄프라드Ingvar Kamprad는 1926년, 유리 공예로 유명한 스웨덴 남부의 스몰란드Småland에서 태어났다. 어릴 때 생긴 난독증으로 학업을 계속하기 어려워 예테보리에 있는 상업고등학교 Handelsgymnasium를 끝으로 학업을 중단하였다.

17세부터는 집에 딸린 창고에서 액자 등 가정용품을 손수 만들어 우편 주문Postorder 방식으로 팔기 시작했다. 이후 사업이 점점 번성하여 1951년에는 스톡홀름 외곽에 큰 백화점을 열었다. 이때부터 잉바르 캄프라드는 카탈로그를 대량으로 만들어 스톡홀름 주민들에게 배포하기 시작했다.

카탈로그에는 자사 제품으로 세련되게 꾸민 가정의 실내 모습을 보여주었는데, 이런 홍보는 당시 매우 혁신적인 아이디어였다. 이케아의 카탈로그는 단순히 물품에 대한 정보가 아닌, 아름답고 실용적인 공간 연출의 모델을 제시한 것이었다. 재미있게도 이케아는 이런 카탈로그를 기획할 때 스웨덴의 국민 화가로 불리는 칼 라르손Carl Larsson의 작품을 모티브로 삼았다고 한다. 칼 라르손은 전통 가구와 생활용품, 화분, 정원 등으로 예쁘게 꾸민 동화 풍의 그림을 많이 그렸는데, 여기서 공간 연출이라는 카탈로그의 아이디어를 얻은 것이다.

새로운 방식의 카탈로그에 많은 사람이 바로 매료되어 '아하, 거실을 이렇게 꾸미니 멋지구나.', '주방은 이렇게 만들면 정말 편리하겠다.'라고 생각하며 실제 물건이 있는 이케아 매장으로 몰려들었고, 이런 방식의 홍보는 곧 새로운 트렌드로 퍼져 나갔다.

실제 가정집처럼 꾸며 놓은 이케아 매장

실용과 예술, 동화와 현실, 기능과 아름다움은 함께 구현하기에 상반되는 것처럼 보이지만, 이케아나 북유럽 디자인을 접하다 보면 그 모든 것을 한꺼번에 실현하는 일도 불가능하지 않다는 생각이 든다.

PART 2

NORDIC DESIGN

___

북유럽
디자인

역사를 자랑하는
북유럽의 대표적인 도자기

북유럽을 대표하는 도자기는 로얄 코펜하겐, 빙앤그뢴달,
로스트란드, 아라비아 핀란드라고 할 수 있다.

15세기 무렵, 중국에서 유럽으로 처음 자기를 들여왔을 당시에는
금과 같은 무게로 교환할 정도로 비싼 사치품이어서
어떻게든 중국 자기를 본떠 만드는 것이 최고의 목표였다.

하지만 지금의 북유럽 도자기는 자연에서 영감을 받은 디자인과
럭셔리한 퀄리티로 전 세계가 열광하는 독보적인 지위로 발전하였다.

초기 북유럽 도자기는 왕실과 귀족들의 전유물이었던 만큼
그들의 취향이 투영된 듯,
하나같이 자태가 아름답고 우아함이 넘쳐 흐른다.

길 가다 발길을 멈추게 하는 쇼윈도 안의 매력적인 그릇들,
초대받아 찾아간 집에서 만나게 되는 우아한 식탁,
평범한 메뉴인데도 잘 세팅해서 고급스러움을 더하는 음식들을 볼 때
나는 반짝이는 식기들을 더 반짝이는 눈빛으로 바라보곤 했다.

나는 특별히 요리에 관심이 많다.
그냥 '좀 하는' 정도를 넘어 기분이 꿀꿀한 날이면 동글동글 복스럽고 달달한
제주 무 몇 개를 사다가 숭덩숭덩 썰어 깍두기와 채김치를 후다닥 담근다.
낚시를 해서 제법 먹을 만한 녀석이 잡히면 얼른 회를 뜨고
얼큰한 매운탕을 기가 막히게 끓여낸다.

스웨덴에서 지낼 때에는 일정 기간 거주하는 분들을 대상으로
현지 재료를 활용해 시원하고 맛있는 배추김치를 담그는 법에 대해
강의 아닌 강의를 한 적도 있다.
또 외국인을 위한 스웨덴어 과정인 SFI: Swedish For Immigrants 에 다닐 때는
같은 과정에 참여한 각국 이주민들에게 김치를 나누어 주기도 해서
'김치 전도사'라는 별칭도 얻었다.

손수 음식을 만들고 나면 누구나 자신의 음식이 돋보이길 바라는 마음은
소위 '솥뚜껑 운전 좀 하고 프라이팬 좀 돌려 본 사람'이라면
무슨 말인지 이해할 것이다.
그런 나에게 북유럽 그릇은 그야말로 신천지요, 나와 내 요리를
꿈의 반열에 오르게 할 수단이라는 생각이 들었다.

그래서 나는 내가 평생 쓸 도자기를 여기서 사 모아야겠다고 결심했다.
그렇게 시작된 것들이 지금부터 여기서 소개하는 그릇들이다.

그릇들을 모으다 보니 어차피 썩지도 않고 오래될수록 가치를 더할
물건이라는 생각도 들고, 두 아들도 쓸 수 있도록 해야겠다는 마음에
주말이면 부지런히 앤티크 숍과 세컨핸드 숍들을 돌아다녔다.

컬렉터들은 물건을 수집해서 가져오면 바로 포장하지 않는다.
한 일주일은 거실에 쭈욱 늘어놓고 만져 보고 닦으면서 충분히 즐긴다.
나 또한 어느새 맛있는 것을 먹는 것보다 모셔 온 그릇들과
대화하는 시간이 더 좋고 귀했다.

2014년에 스웨덴 기업인 이케아가 경기도 광명에 오픈한다고 해서
많은 한국 사람들이 들떠 있었다.
이런 시대적 분위기를 읽은 스웨덴 예테보리 한인회장님이
"한국에 돌아가면 스웨덴 앤티크 소품숍을 열면 좋겠다."라고
조언해 주셨다.

나는 몇 날 며칠을 고민한 끝에, 북유럽 그릇을 좋아하는 사람들을 위한
부담 없는 사랑방을 만들어 보자는 생각에 이르렀고, 2015년 귀국 직후
용인 수지에 6평짜리 '작은 북유럽'이라는 앤티크 소품숍을 열었다.

숍을 오픈하자마자 이케아 열풍 덕분인지 많은 사람이 줄을 이었다.
유명 연예인들이 자주 찾고 방송을 타면서 매장이 더욱 알려져
현재에 이르게 되었다.

당시 손님들이 물건값을 물어보면 난처했던 적이 종종 있었다.
내가 북유럽 각국의 현지 벼룩시장부터 앤티크 숍까지, 밥도 거르고 다니면서
'첫사랑을 만난 듯' 기뻐하며 수집한 것들이라 도저히 팔 수 없는 물건들도
적잖이 있었기 때문이다.
흡사 딸을 시집 보내는 친정 부모의 마음과도 같았다.
그럴 때마다 나는 "미안하지만 비매품이에요. 하지만 구경은 공짜예요."라는 말을
할 수밖에 없었다.

하나같이 내 아들딸 같은, 북유럽 도자기의 세계로 함께 들어가 보자.

로얄 코펜하겐

Royal Copenhagen, 덴마크, 1775~

덴마크인들이 자랑스러워하는 로얄 코펜하겐을 처음 만난 날을 잊을 수 없다. 그녀들은 마법처럼 내 안에 들어왔다. 세월을 거스른 듯한 불변의 코발트블루의 신선한 색채와 단정하고 절제된 선에서 장인들의 열정과 몰입을 느낄 수 있었다.

스웨덴 예테보리의 얀토리에 Järntorget 광장에는 로얄 코펜하겐과 빙앤그륀달을 전문으로 취급하는 앤티크 숍이 있었다. 어느 날 우연히 그 앞을 지나가다가 쇼윈도에 비친, 하얀 백자에 짙은 코발트블루로 채색된 로얄 코펜하겐의 블루 플루티드 라인을 보고 매장 안으로 빨려 들어갔다. 요즘 판매 중인 여느 고급 도자기에서도 볼 수 없는 깊은 세월의 자태를 느낄 수 있었다. 심지어 100년이 넘었다는데도, 금방 가마에서 꺼냈다고 해도 믿을 만큼 빛을 발하고 있어 다시 한 번 놀랐다.

보통 도자기는 세월의 무게를 이기지 못하고 표면에 미끈하게 칠한 유약이 서서히 터지기 마련이다. 그러나 이 도자기들은 유약이 미세하게 터져서 생기는 빙열을 찾아볼 수 없었다. 방금 따낸 신선한 과일처럼 산뜻한 붓 터치와 변하지 않는 내구성이 로얄 코펜하겐만의 뛰어난 비법인 것이다. 시간 앞에서도 도도한 로얄 코펜하겐의 품격은 늘 감동으로 다가온다.

함께 갔던 큰아들은 앤티크 숍에서 그 물건들을 보자마자 "너무 고급지다." 하고 감탄했다. 그 후로 아들은 우리나라 드라마를 볼 때마다 회장님 댁 장식장에 럭셔리하게 장식된 로얄 코펜하겐 블루 플루티드 라인을 알아보고는 나를 부르곤 했다. 로얄 코펜하겐은 굳이 말하지 않아도 저절로 흘러 넘치는 우아함 그 자체였다.

스웨덴 중부 트라네모시Tranemo kommun의 림마레Limmared는 작은 마을 전체가 앤티크 마켓인 것처럼 수많은 앤티크 숍이 즐비해, 시간 가는 줄 모르고 구경할 수 있다. 그리고 역사를 자랑하는 글라스 회사, 박물관 등에서 질 좋은 앤티크 제품들을 쉽게 접할 수 있다. 주 1~2회 정도는 현장 경매가 열리고, 매월 8월에는 앤티크 축제도 열린다. 로얄 코펜하겐에 관심을 둔 지 얼마 안 돼 호기심이 가득할 때, 이곳에서 앤티크 숍을 운영하는 토마스가 로얄 코펜하겐을 소개해 준 일을 잊을 수가 없다.

"로얄 코펜하겐은 단박에 설명하기 어려워요! 집에 가지고 가서 사용하고 느껴 보세요. 보고 만져 볼수록, 그리고 오래될수록 더욱 매력이 있어요."

그의 자부심이 가득 찬 설명과 도자기를 대하는 진지한 태도에서 로얄 코펜하겐이 얼마나 좋은 제품인지, 오랜 기간 명성을 유지하는 이유가 무엇인지 느낄 수 있었다.

이후 나는 그녀들(로얄 코펜하겐)을 만나러 갈 설렘에 완전히 넋이 나가 있었다. 새벽에 출발해서 여러 앤티크 숍을 돌아다니다 보면 오후 2~3시까지 아무것도 먹지 않아도 갈증이나 식욕을 느끼지 못할 정도였다.

로얄 코펜하겐은 원산지인 덴마크뿐만 아니라 북유럽 모든 사람이 가장 값진 물건 중 하나로 여기며, 금은보화나 자동차처럼 큰 자산으로 여긴다. 그래서 대대로 물려주기도 하고, 기념일 등 중요한 날에 선물로 주고받기도 한다.

로얄 코펜하겐은 명실상부한 북유럽 럭셔리 도자기의 심볼이다. 앤티크 딜러에게 북유럽에서 가장 좋은 도자기를 소개해달라고 하면 로얄 코펜하겐을 단연 첫손에 꼽는다. 근래 만난 앤티크 숍 주인들은 로얄 코펜하겐 가격이 스카이로켓처럼 치솟고 있다고 너스레를 떤다. 실제로 온라인 옥션 등에서 플로라 다니카, 블루 플루티드 등 고급 라인은 가격을 떠나 시장에 많이 나오질 않는다.

로얄 코펜하겐
HISTORY

◆

태초에 하늘은 푸르렀다. 그리고 바다도 푸르렀다.

_로얄 코펜하겐 카피 문구, 2013년

로얄 코펜하겐의 역사는 지금으로부터 250여 년 전인 1775년으로 거슬러 올라간다. 당시 유럽 각국의 왕실들은 경쟁적으로 중국 도자기와 같은 고급 품질의 도자기에 혈안이었는데, 화학자였던 프란츠 하인리히 뮐러Frantz Heinrich Müller는 덴마크 왕실의 전폭적인 지원 아래 코펜하겐에서 도자기 식기류와 장식품을 생산하기 시작하였다. 1779년부터는 덴마크 왕실의 줄리안 마리 여왕으로부터 '로얄'이라는 명예로운 칭호를 얻었다.

대표적인 라인으로는 블루 플루티드Blue Fluted, 블루 플라워Blue Flower, 플로라 다니카Flora Danica가 있다.

북유럽 사람들은 블루 플루티드 라인을 무셀몰렛Musselmalet이라고 부른다. '무셀'은 조개를 뜻하는데, 블루 플루티드의 표면에 층층이 홈이 새겨져 있는 모양이 조개껍질을 닮아서이다. 블루 플루티드는 다시 모서리 모양에 따라 플레인Plain, 하프 레이스Half Lace, 풀 레이스Full Lace로 나뉜다.

블루 플루티드는 최고급 코발트로 푸른 빛을 내고, 이 광물에 아교와 오일 등을 혼합하여 안료를 만든다. 정교함을 갖춘 장인들이 페인팅을 하는데 그 배합의 기술은 비밀이라고 한다. 속칭 짝퉁도 많이 있지만, 오랫동안 로얄 코펜하겐의 블루를 보고 사용해 본 사람은 단박에 알아볼 수 있는 독특함이 있다.

하프 레이스 Half Lace

1888년 아놀드 크로그 Arnold Krog에 의해 세상에 나왔다. 가장자리의 레이스 장식이 윗 부분에만 적용되어, 위아래 모두 디자인된 풀 레이스와 비교된다. 블루 앤 화이트의 변함없는 우아함으로 전 세계 컬렉터들의 사랑을 받고 있다. 구멍 조각 등으로 손실의 위험이 있는 풀 레이스나 더블 레이스에 비해 실사용이 자유롭다.

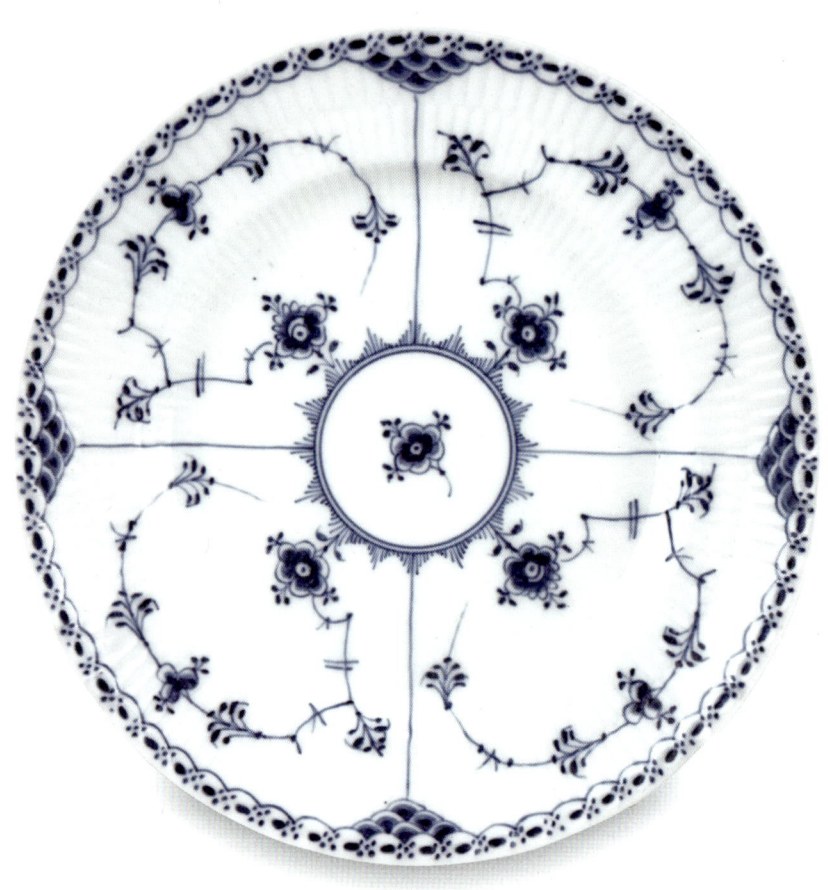

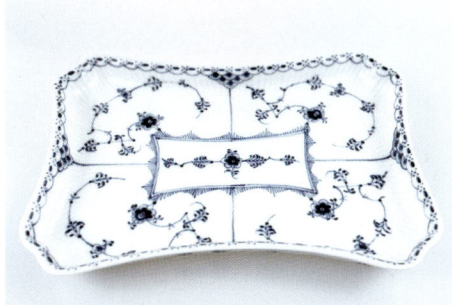

풀 레이스 Full Lace

가장자리 전체를 정교한 레이스 모양으로 완성하는 장인의 정교한 작업이 수반된다. '투각 레이스 Pierced lace' 장식은 도자기 성형 후에 작은 구멍과 장식을 하나하나 조각하는 고난도의 수공예 공정이 필요하다. 유럽 왕실과 상류층의 상징적인 도자기로 알려져 있다.

더블 레이스 Double Lace
풀 레이스보다 구멍과 조각 문양이 더 복잡하고 정교하다. 일반 사용자를 위한 것이 아닌, 박물관 전시 목적 또는 왕실이나 외국 원수 증정용 등으로 쓰이는 로얄 코펜하겐 블루 라인의 최상위 클래스이다. 마스터 장인들의 작품이며 극소량만 생산된다. 악마 문양이 있는 것은 '악마 시리즈 The Devil Series'로 별도 구분하기도 하지만, 컬렉터들에겐 가장 고급 라인인 광의의 더블 레이스로 분류하는 것이 일반적이다.

블루 플루티드 중 가치 측면에서 본다면 더블 레이스가 최고이고, 이어서 풀 레이스, 하프 레이스, 플레인 순이다. 가만히 보고 있으면, 장인이 정교하게 붓질하는 순간의 보이지 않는 긴장이 느껴진다. '치료의 색'이라 불리는 부드러운 플루티드 블루의 느낌은 감동 그 이상이다.

북유럽 사람들이 블러블롬Blåblommor이라고 부르는 블루 플라워 라인은 1779년부터 생산되었고, 꽃무늬가 특징이다. 정원에서 갓 딴 꽃을 푸른 빛으로 그리기 시작하면서 이 라인은 태어났다. 단단한 내구성에 실용성까지 겸비하여 오랫동안 사랑받고 있다. 단일 붓질 기법Single brush stroke으로 꽃의 입체감을 더욱 생생하게 표현한 것이 특징이다.

블루 플루티드 더블 레이스 티팟

일명 '악마팟'이다. 악의 이미지인 사탄Satan이 아닌 그리스 신화의 숲의 신인 사티로스Satyr를 이미지화했다고 한다. 블루 플루티드의 최상의 라인인 'Made in Denmark' 더블 레이스는 갈수록 희귀해져 그 가치가 큰 폭으로 오르고 있다. 최근 앤테크Antique+tech하는 컬렉터의 주요 타깃 중 하나이다.

블루 플라워 Blue Flower

블루 플라워 라인은 1913년에 블루 플라워 브레이드로 본격 출시되었다. 이제는 복각판(재생산판)을 더 이상 만들지 않고, 2012년부터는 블롬스트 Blomst로 여러 가지의 푸른 꽃들이 채색되고 있다. 블루 플라워는 비교적 부담 없는 가격에 구입할 수 있는 실용적인 라인이다. 오랜 세월 많은 이들에게 사랑받아 온 블루 플라워는 곁에 두고 늘 사용해도 지겹지 않고 사랑스럽다. 이것이 핸드 페인팅이 주는 가장 큰 매력이다.

'Everyday Luxury'는 로얄 코펜하겐사의 슬로건이다. 로얄 코펜하겐의 모든 제품이 럭셔리하지만, 그중에서도 단연 화려함을 보여 주는 라인은 플로라 다니카이다. 플로라 다니카는 오버글레이즈 기법으로 만들어진다. 이 기법은 반짝이는 유약 위에 안료로 그림을 그려 넣은 방식으로, 유약을 바르기 전 도자기에 그린 그림보다 훨씬 생생한 느낌을 준다.

1790년에 처음 만들어진 플로라 다니카는 이후 약 100년 동안 왕실에서만 사용되었다고 하니, 얼마나 귀하고 가치 있는 물건인지 알 수 있다. 코펜하겐의 로센보르Rosenborg 박물관에 가면, 가장 독창적이고 예술적인 도예가로 추앙받는 요한 크리스토프 바이에르Johan Christoph Bayer가 12년에 걸쳐 만든 1,802개 중 상당수를 볼 수 있다.

플로라 다니카 Flora Danica
각 식물의 실제 크기에 맞춰 안료로 정교하게 채색을 했다. 덴마크에 자생하는 식물도감을 감상하는 것만으로도 흥겨운 시간이다. 로얄 코펜하겐의 플로라 다니카는 오늘날까지도 극소수의 마스터급 장인들에 의해 태국이 아닌 덴마크 본사에서 직접 생산하고 있다.

도예 장인들은 한 제품에 많게는 약 2천 번의 붓칠을 한다고 한다. 그리고 제품의 뒷면에 자신의 이니셜로 작품을 그린 장인이 누구인지 표시한다. 자신의 이름을 걸고 만드는 그야말로 '작품'인 것이다. 그러니 어느 누가 대충 붓칠을 할 수 있을까? 모든 혼을 담아 푸른 코발트 안료로 그림을 그려낸다. 물론 페인팅하는 장인의 취향에 따라 안료의 농담이 달라진다. 그래서 안료가 부드럽게 칠해지기도 하고, 선명하며 짙은 블루가 나오기도 한다.

　오늘날 로얄 코펜하겐은 덴마크 코펜하겐에서의 약 150년의 역사를 뒤로한 채, 인건비 등 생산 단가를 낮추기 위해 2003년 대부분의 생산 라인을 태국으로 이전하였다. 요즘 백화점의 로얄 코펜하겐 매장에서 만나는 블루 플루티드 등 제품들은 모두 태국산이다. 이런 까닭에 '메이드 인 덴마크' 감성을 사랑하는 애호가와 수집가들은 덴마크 등 북유럽 현지에서 더욱 적극적으로 덴마크 생산 제품을 수집하고 있지만, 아쉽게도 2020년 이후 가격이 많이 올라 구하기가 더욱 어렵게 되었다.

로얄 코펜하겐 백마크
로얄 코펜하겐의 백마크는 시대에 따라 왕관 표시 등의 디자인에 조금씩 변화를 주어 제작 연도를 곧바로 알 수 있다. 세 개의 물결은 덴마크의 세 개 해협을 의미한다. 그 옆의 영문은 페인터의 이니셜이다. 아래에 표시된 분수에서 분모는 제품의 고유 번호이다. 그리고 분자는 대부분 숫자 1로 끝나는데, 일부 다양한 색상 등으로 다르게 표현되는 경우에는 다른 숫자로 표기하기도 한다.

NORDIC DESIGN

로얄 코펜하겐은 도자기 생활 용기가 대부분이지만 피겨린, 화병, 글라스, 연도 접시 등 다양한 아이템도 생산되었다.

1922년에 출시된 화병
로얄 코펜하겐만의 부드럽고 안목 높은 감성이 특징이다.

테네라Tenera 머그컵
1960~1970년대에 잉에리세 코포드Inge Lise Kofoed에 의해 디자인되었다. 문양을 그대로 느낄 수 있는 질감이 인상적이고, 섬세한 핸드 페인팅이 돋보이는 라인이다.

벽을 장식한 연도 접시
스웨덴의 실제 가정집 거실 벽면이다. 예테보리에 거주하는 마리안 할머니는 크리스마스가 되면
'올해 접시는 어떤 디자인일까?'라는 설렘으로 로얄 코펜하겐 연도 접시를 기다렸다고 한다. 늘 소
녀 같은 할머니에게서 풋풋한 동심을 엿볼 수 있었다.

FIKA TIME

유럽 도자기의 역사

대항해 시대의 서막을 알린 15세기 이후, 중국의 문물이 본격적으로 유럽에 수입되었다. 처음에는 중국과 지리적으로 가까운 이슬람 지역을 거쳐 수입되던 차와 비단, 도자기들이 배를 통해 대량으로 유럽에 직수입되기 시작한 것이다.

많은 양이 수입되더라도 오늘날에 비하면 턱없이 적은 양이어서 17세기 이전까지 수입품은 왕실과 일부 귀족들만의 전유물이었다. 특히 도자기의 가치는 저울로 달아 금과 같은 무게로 교환할 정도로 비싼 사치품이어서 일명 '화이트 골드'로 불렸다. 왕실에서조차 혹시 자기가 깨질까 봐 큰 연회에서나 사용하였고 평소에는 은식기 등을 사용했다고 한다. 일부 왕실과 귀족들은 도자기 방을 만들어 외빈을 맞이할 때 자랑삼아 보여 주는 등 권력과 부의 상징이 되기도 했다.

이런 분위기를 반영하여 유럽 각국의 왕실은 경쟁적으로 중국의 자기에 비견되는 경질 자기 생산에 많은 자본을 투자했는데, 독일 왕실의 지원을 받은 독일인 요한 프리드리히 보트거Johann Friedrich Böttger가 마침내 1713년, 유럽에서 최초로 양질의 경질 자기를 만들어 냈다.

이는 왕실 및 귀족들의 경제적 지원과 연금술사, 화학자, 도자기 기술자 등 당시 뛰어난 기술자들이 총동원된 역사적인 성과였다. 그야말로 당시로서는 첨단 기술이고 요즘으로 말하면 스마트폰이나 반도체 기술과 비교될 수 있을 것이다.

이후 유럽의 다른 나라에서도 하나둘 양질의 자기를 만들어 내기 시작하여 오늘날 유럽의 도자기는 종주국인 중국을 뛰어넘는 예술성을 자랑하고 있다. 유럽의 자기 중에서도 특히 세계 4대 도자기로 불리는 덴마크의 로얄 코펜하겐Royal Copenhagen, 영국의 웨지우드Wedgwood, 헝가리의 헤렌드Herend, 독일의 마이센Meissen은 독보적인 지위를 누리며 전 세계인의 사랑을 받고 있다.

◆ 세계 4대 도자기 ◆

덴마크의 로얄 코펜하겐 Royal Copenhagen
1775년 설립된 덴마크의 대표 도자기 브랜드로, 짙은 코발트블루 패턴이 특징이다. '블루 플루티드'라고 불리는 이 디자인은 덴마크 왕실의 후원을 받아 제작되었으며, 덴마크 왕실로부터 '로얄' 칭호를 얻었다. 섬세한 수공예와 북유럽의 차분한 미적 감각을 강조하는 로얄 코펜하겐은 북유럽의 절제된 우아함을 간직하고 있다.

영국의 웨지우드 Wedgwood
1759년 조시아 웨지우드 Josiah Wedgwood에 의해 창립된 영국 브랜드로, 웨지우드는 영국 왕실의 후원을 받아 '여왕의 도자기'라고 불린다. 우아하고 세련된 디자인과 클래식한 감각으로 장식적인 가치뿐만 아니라 일상생활에서 사용하기 좋은 실용성도 갖추고 있다. 산업 혁명 시기에 도자기의 대량 생산을 이끌었으며, 고전미와 대중성의 조화로 예술성과 상업성에서 모두 성공한 도자기로 손꼽힌다.

헝가리의 헤렌드 Herend
1826년 설립되어 합스부르크 왕조 등 유럽 귀족들에게 사랑받았다. 100% 전통적인 수공예 제작을 고수하는 만큼 예술가 수준의 도공들이 손으로 직접 그린다. 화려한 문양과 도금 기법, 손으로 그린 섬세한 디자인이 특징이다. 20세기 중반 국유화를 겪었지만, 현재는 다시 민영화되어 도공들이 장인 정신을 이어가고 있다.

독일의 마이센 Meissen
1713년 유럽 최초로 백자 제조에 성공한 도자기 브랜드이다. 본래 중국 청나라의 자기를 모방하는 데서 출발했지만, 이후 유럽적인 미적 감각과 색채를 결합해 독창적인 도자기를 만들어 냈다. 푸른 양파 무늬, 꽃 장식, 궁중 풍속화, 동양풍 회화, 동물 및 신화적 인물 등을 문양으로 사용해 예술성 있는 식기, 인형, 꽃병 등을 제작하며 유럽 전역에서 큰 인기를 끌었다.

빙앤그뢴달

Bing & Grøndahl, 덴마크, 1853~1987

북유럽에 거주하면서 도자기에 좀 더 깊이 빠져들 무렵, 좀 더 전문적으로 알고 싶은 욕구가 커졌다. 그러나 국내에 나온 책자들은 대부분 단품 도자기에 대한 감상 위주이거나 로코코, 르네상스 양식 등 어려운 미학 용어들로 가득하여 선뜻 이해하기 힘들었다.

반면, 우리보다 먼저 북유럽 도자기를 사랑했던 일본의 다양한 웹사이트는 많은 도움이 되었다. 지금은 중국과 중동의 갑부들이 큰돈을 무기로 북유럽 도자기를 주로 매집하지만, 럭셔리한 북유럽 도자기에 대한 일본인들의 사랑은 여전히 유별나다. 간혹 수집 현장에서 일본인들을 만나게 되면 그리 반갑지만은 않았다. 여러 명이 관심을 보이면 가격 흥정이 어렵고, 원하는 물건도 그만큼 줄어들기 때문이다. 아주 관심 있는 물건을 바로 눈앞

에서 놓치고 나면, 그 아쉬움의 여운은 그날 밤 잠자리까지 이어지기 일쑤였다.

스웨덴에서 세 번째로 큰 섬인 히싱엔Hisingen에는 90세가 넘은 노부부가 일주일에 3일 정도, 하루에 4~5시간씩만 운영하는 비교적 규모 있는 앤티크 숍이 있었다. 그 숍은 내가 다니기 전부터 일본인들의 단골 숍이었다. 처음 방문했을 때 원하던 빙앤그뢴달 화병과 피겨린이 장식장에 꽤 많이 보여 속으로 환호했다. 얼른 물건을 보고 싶어 잠금장치가 단단히 잠긴 장식장 문을 열어달라고 주인장에게 재촉하자 "그건 일본 사람들이 이미 예약한 것이에요."라는 답이 돌아왔다.

이후 이 노부부와 친해져 원하는 물건을 적잖이 예약하고 가져올 수 있었다. 나는 이 노부부를 보면서 '나도 저 나이가 되어도 내가 좋아하는 일을 할 수 있겠구나.'라는 희망을 품게 되었고, 앤티크 수집이 취미에서 직업으로 전환되는 결정적 계기가 되었다.

순전히 물건이 좋아서 살 때와, 사야만 해서 살 때는 물건을 바라보는 마음이 달라진다. 전자가 '그냥 좋아서 산다. 사고 싶어서 산다.'라면, 후자는 '고객들의 반응은 어떨까? 너무 많이 사서 못 팔면 어쩌지?' 등 여러 의구심이 많아져 물건에만 집중하기 어렵게 되는 것이 사실이다. 흡사 순수한 마음만 가득한 어릴 때는 이성 교제도 쉬운데, 나이가 들수록 이것저것 따져야 하고 생각할 것이 많아져 사람 사귀기가 어려워지는 것과 같다.

현지 전문 딜러를 고용하지 않고 나처럼 현지에서 직접 발품을 팔면서 다니다 보면, 원하는 물건들을 쉽게 구하기란 결코 만만치 않은 것이 현실이다. 가장 좋은 방법은 현지 전문 숍을 운영하는 많은 사람들과 친해지는 것이다. 때론 내가 한국에 있을 때에도 "당신이 원하는 물건이 좋은 가격에 많이 나왔으니 빨리 와서 사 가세요."라고 전화가 오는 경우도 있다. 앤티크 사업을 하면서 이때만큼 반가운 전화도 없지 않을까 싶다.

모든 것은 사람이 하는 것이다. 사업에 성공하고 싶은 사람은 반드시 유능하고 좋은 사람을 곁에 많이 두어야 한다고들 한다. '큰 나무 아래 작은 나무는 햇빛을 보지 못해 죽지만, 큰 사람 옆의 사람은 더불어 크게 된다.'라고 하지 않는가. 나는 앤티크 사업을 하면서 참 좋은 사람들과 꾸준히 교류하고 있다. 스웨덴 현지에는 나를 위해 기꺼이 수고해 주는 좋은 현지인들이 있고, 국내에 있는 나의 여러 앤티크 숍에는 나처럼 앤티크를 사랑해 주는 멋진 동료들이 있다.

조금 쌀쌀한 날, 좋은 차를 나누고 싶은 귀한 분들이 우리 앤티크 카페에 올 때면 나는 테마, 블루시걸, 크리스마스로즈 등 빙앤그뢴달 라인을 즐겨 꺼낸다. 언제 어디서나 한결같은 우아함이 있고, 곁에 있는 사람을 더욱 잔잔하게 빛나게 하는 것이 바로 명품이 아닐까 생각한다.

빙앤그뢴달
HISTORY

◆

오늘날 빙앤그뢴달이 전 세계적으로 알려져 사랑받고 있는 것은, 감동적인 모티브와 남다른 장인 정신 덕분이다.

빙앤그뢴달 홈페이지

빙앤그뢴달은 로얄 코펜하겐이 생긴 지 80여 년 후인 1853년에 설립된 회사인데, 왕립 도자기 공장에서 조각상을 만들던 빙Bing과 그의 형제 그뢴달Grøndahl이 의기투합하여 만들었다.

빙앤그뢴달은 1970년대 세계적인 디자이너 옌스 퀴스트가드Jens Quistgaard의 테마 시리즈가 큰 인기를 끌면서 번성하기도 했으나, 1987년 로얄 코펜하겐에 끝내 흡수되는 운명을 맞이했다.

연도 접시Year plate의 역사는 빙앤그뢴달에서 처음 시작되었다. 빙앤그뢴달은 1895년 크리스마스 접시를 선보였는데, 크리스마스 즈음하여 해당 연도 디자인을 공모했다. 그 디자인으로 형틀과 기물을 만들고, 양질의 코발트 블루로 그 기물 전체를 입힌 후에 천천히 디자인에 따라 벗겨 내어 작품을 완성했다. 그리고 해당 연도에만 제작하고 형틀을 없애 추가 생산이 불가능한 한정판Limited Edition 성격을 고수하였다. 1987년 빙앤그뢴달을 인수한 로얄 코펜하겐은 크리스마스 접시에 여전히 빙앤그뢴달 백마크를 새겨 그 시절의 감성을 유지하고 있다.

빙앤그뢴달은 역사의 뒤안길로 사라졌지만, 특유의 부드러운 블루 컬러와 심플한 디자인은 유산으로 남아 여전히 애호가들의 사랑을 받고 있다.

블루시걸 Blue Seagull

1895년부터 100년 이상 생산된 최고의 스테디셀러이다. 블루의 색감과 더불어 유난히 조류를 좋아하는 북유럽 사람들의 취향을 제대로 저격한 제품이다. 빙앤그륀달이 로얄 코펜하겐과 합병된 후에는 로얄 코펜하겐 백마크를 달고 출시되기도 하였다. 흰 바탕에 부드러운 푸른 그라데이션이 시선을 휘어잡고 갈매기의 힘찬 날갯짓이 청량하다. 갈매기 부리, 트림 등의 골드 처리로 럭셔리함이 돋보인다. 기물 전체의 비늘 같은 표면 처리는 우리나라 소비자 기호에 따라 호불호가 갈린다. 북유럽에서 비교적 좋은 가격대에 쉽게 만날 수 있다. 재질도 아주 견고하여 실제 사용이 편리하다는 평이다.

크리스마스로즈 Christmas Rose
크리스마스로즈(유럽 원산지, 쌍떡잎식물) 꽃을 모티브로 하였다. 세실리 루이스 할린 Cecilie Luise Hallin 이 남편 프레드릭의 도움을 받아 디자인하였다. 1936년부터 1980년대까지 생산된 스테디셀러이다. 기물을 성형할 때 꽃을 양각 처리하여 색다른 질감을 느낄 수 있다. 블루 톤이 산뜻하고 시원하여 여름철 테이블 세팅에 적격이다.

테마Tema
옌스 퀴스트가드가 디자인한 테마는 스톤웨어 재질로 내구성이 뛰어나다. 자기 전체를 휘감는 회청색의 느낌과 산화철 안료를 이용한 브라운 색감은 고급스러움 그 이상으로 신비롭다. 희귀 아이템이라 수집하기는 쉽지 않다.

이어벨Year Bell, 크리스마스 종

빙앤그륀달 이어벨은 매년 크리스마스 시즌에 출시되었다. 흔들면 쇠처럼 청량한 종소리를 들을 수 있는데, 이는 자기의 품질이 그만큼 좋기 때문이다. 베드로 성당 등 유럽 전역의 유수한 성당과 교회를 모티브로 한 것이 대부분이다.

FIKA TIME

연도 접시 Year plate

왕실과 귀족들의 사치품이었던 자기를 일반인들이 보편적으로 사용하기 시작한 것은 20세기 초에 들어와서이다. 대중화된 후에도 유럽인들은 희귀하고 예쁜 도자기를 소장하고 싶어 했다. 이에 도자기 회사들은 크리스마스, 어머니날, 아버지날, 동물 등을 주제로 매년 시리즈로 연도 접시를 제작하였다.

빙앤그륀달은 귀한 도자기와 유럽 최대의 명절인 크리스마스를 접목하여 1895년 '언 창문 너머Behind the frozen window'를 처음 출시한 이래 매년 크리스마스 접시를 선보이고 있다. 1915년부터는 기존의 크리스마스 접시보다 훨씬 큰 지름 23cm 크기의 '크리스마스 쥬빌레Christmas Jubilee'도 출시하여 5년마다 두 종류의 접시를 만날 수 있게 되었다.

빙앤그륀달의 크리스마스 연도 접시
매해 크리스마스가 다가오면 '올해 접시는 어떤 디자인일까?' 하는 기대가 생긴다. 매년 빠지지 않고 차곡차곡 모아 온 마리안 할머니는 벽에 다 걸지 못하고 장식장 아래 수납 칸에 쌓아 놓았다고 한다.

빙앤그뢴달 크리스마스 연도 접시는 장식용 접시의 원조이다. 이후 많은 도자기 회사들이 연도 접시를 내놓았지만 현재까지 가장 사랑받는 것은 빙앤그뢴달과 로얄 코펜하겐, 그리고 로스트란드이다.

1969년부터 빙앤그뢴달은 매년 5월 둘째 주 어머니날을 기념하여 '어머니날 접시Mother's day plate'도 출시했는데, 어미와 새끼 동물을 사랑스럽게 형상화한 디자인은 바라보기만 해도 미소가 절로 난다. 재미있는 것은 2009년 어머니날 접시만 유일하게 컬러로 제작되었고, 그로 인해 1969년 최초의 접시보다 열 배 이상 비싸게 거래된다는 사실이다. 북유럽의 어머니들은 매년 어머니날 선물로 받은 접시로 집 안 곳곳을 꾸미고, 접시들이 늘어가는 걸 보며 자녀들이 커 나가는 것을 실감하게 된다고 한다.

빙앤그뢴달의 어머니날 연도 접시
어머니날 접시답게 여러 동물들의 어미와 새끼의 사랑스런 모습을 표현하고 있다.

그리고 빙앤그륀달은 동물 연도 접시도 출시하였는데, 동물 투각 접시Animal Pierced Plates는 브랜드의 야심작이다. 테두리와 그 연결 부위를 정교하고 예술적으로 오려내어 그 어느 투각 접시에서도 볼 수 없는 높은 수준의 공예성을 보여 준다.

빙앤그륀달의 동물 연도 접시
사슴, 토끼, 여우, 새 등 자연 그대로의 숲속 정경을 모티브로 만든 것으로, 가장 북유럽스러운 도자기 중 하나로 평가받는다.

로얄 코펜하겐은 1908년 '예수를 안고 있는 마리아Mary with child'를 출시한 이래 매년 11월 무렵 크리스마스 접시를 출시하고 있다. 접시 앞면 한가운데에는 풍경이 들어가고 주변에는 해당 연도와 함께 'JUL' 또는 'JULEN'이라는 글자가 새겨졌는데, 이는 크리스마스를 의미한다. 요즘 들어 로얄 코펜하겐 크리스마스 접시는 '탄생 접시Birth plate'라는 새로운 의미가 더해지면서, 자신의 탄생 접시를 소장하고픈 사람들은 태어난 해당 연도의 접시를 구하느라 애를 먹기도 한다.

로얄 코펜하겐의 크리스마스 연도 접시

테두리에 솔방울 문양과 별이 있고 빙앤그뢴달 접시에 비해 크기가 약간 작은 것으로 구분할 수 있다. 물론 오래된 것이 소장 가치가 더 있지만, 특이하게도 70년대 제품들은 부담 없는 가격에 수집이 가능하다. 그 이유는 70년대는 유럽의 경기가 좋아서 비싼 제품에 대한 수요가 급격히 늘어 그만큼 많이 생산하였기 때문이다.

로얄 코펜하겐의 미니 장식 접시

1960~1970년대에 제작되었고 크기는 약 8cm 정도이다. 벽에 장식할 수 있도록 뒷면에 구멍을 뚫어 두었다. 로얄 코펜하겐과 빙앤그뢴달 크리스마스 접시들을 벽에 장식했는데 다소 허전하고 균형이 맞지 않을 때 이 미니 접시를 활용하면 매우 유용하다.

한편, 로스트란드도 1968년부터 1999년까지 크리스마스 접시를 출시하였다. 푸른 빛의 네모난 이 접시는 노벨 문학상을 수상한 스웨덴 작가 셀마 라겔뢰프Selma Lagerlöf의 「신기한 닐스의 모험」을 모티브로 만들어져, 이 접시를 보고 있노라면 꼭 동화책을 보고 있는 듯하다. 한정 생산된 제품으로 갈수록 만나기가 어려워지고 있는데, 모양과 디자인이 독창적이어서 이 도자기를 이젤에 얹어 장식장 등에 디스플레이하면 매우 이국적인 분위기를 자아낸다.

로스트란드의 크리스마스 연도 접시_신기한 닐스의 모험
난쟁이가 된 닐스가 거위를 타고 북유럽을 여행하는 이야기 속 인상적인 장면들을 매년 크리스마스 접시로 선보였다. 접시를 보는 것만으로도 동화책의 이야기 속에 쏙 빠져드는 듯하다. 여느 연도 접시와 마찬가지로 벽에 걸 수 있도록 만들어졌다. 네다섯 개를 거실의 벽에 옹기종기 장식하는 것만으로도 북유럽의 럭셔리한 분위기를 연출할 수 있다.

로스트란드

Rörstrand, 스웨덴, 1726~

나는 '나를 대접한다'는 말을 참 좋아한다. 특별히 삶에 지치거나 외로움이 밀려올 때면, 밖에서 식사하기보다는 감자와 양파를 넣고 된장국을 담백하게 끓이고 아끼는 그릇들을 꺼내 정갈하게 한 상을 차린다. 그리고 조용히 앉아 나에게 한마디 해 준다. "힘들지? 오늘도 애썼다. 너는 지금까지 잘해 왔어. 어두운 밤이 지나면 반드시 밝은 아침이 오잖아!" 이렇게 하면 한 끼 식사는 그냥 때우는 것이 아닌, 나를 아끼고 사랑하며 대접하는 마법 같은 시간이 된다.

내가 나를 챙기지 않으면, 누가 나를 챙기겠는가? 이쁜 그릇들이 멋지게 세팅된 테이블은 마치 각각의 악기가 잘 어우러진 오케스트라와 같다. 나를 대접하고 싶을 때, 또는 사랑하는 사람들과 함께할 때면 깨질까 봐 아끼지 말고 이쁜 그릇들을 모두 꺼내 멋진 연주를 해 보시라.

스웨덴에 거주할 때, 외식은 경제적으로 부담스러워 한인들끼리는 서로 집으로 초대하여 교류하곤 했다. 한 번은 나의 식사 대접에 대한 보답으로 우리 가족을 초대한 상사 주재원 가족이 있었다. 사람을 대접하는 데에는 시간과 정성이 필요하고 지출도 수반된다. 그런데 그 집에서 차린 식탁을 보는 순간 나는 적잖이 아쉬운 마음이 들었다. 식탁 위의 좋은 음식이 아까울 정도로, 기본적인 정성이 보이지 않아서이다. 음식을 어울리는 그릇에 담아 식탁에 조화롭게 배치하고, 수저, 젓가락, 포크를 정갈하게 세팅하는 등의 손님 접대를 위한 준비가 부족해 보였다. 그렇다고 대단한 테이블 세팅을 말하는 건 아니다. 그릇 몇 개, 예쁜 식탁보 하나라도 신경 써서 준비했더라면 하는 아쉬움인 것이다. 소박해도 잔잔한 정성이 있어야 한다는 생각이다.

나는 학창 시절, 국어 교과서에 실렸던 김소운의 「가난한 날의 행복」이라는 수필을 좋아한다. 실직한 남편이 일하는 아내를 위해 밥상을 차렸다. 어찌어찌 밥은 정성껏 준비했지만 반찬을 올릴 돈은 없어 간장 한 종지만을 상 위에 올려놓는다. 밥상 위에는 이런 메모가 함께 놓였다. '왕후의 밥, 걸인의 찬……. 우선 이것으로 시장기만 속여 두오.' 짧은 문장이지만 사랑과 애틋함이 고스란히 담긴 이 글은 아직도 내 마음에 감동으로 남아 있다.

정성을 담은 간장 한 종지처럼 그릇은 때론 내 정성의 대변인이 된다. 그리고 상대와 특별히 공통 화제가 없을 때, 그릇의 형태와 문양, 그리고 색감 등은 대화의 실마리를 열어 준다.

스웨덴에서 로스트란드는 그야말로 '국민 도자기'로 어디서나 만날 수 있고 누구나 쓰는 도자기이다. 최고급 라인부터 일상에서 사용하는 실용적인 제품까지 망라해 온 국민의 사랑을 받고 있다. 로스트란드는 마치 '북유럽 도자기의 선두이자 아이덴티티는 바로 나다.'라고 외치는 듯하다.

스웨덴 도자기 전문가들은 유독 자기 나라의 도부심(도자기 자부심)이 강

하다. 누가 언제 만들었는지, 그 도자기 공예가는 지금 어떤 평가를 받는 사람인지 세세하게 기억하고 설명한다. 1726년부터 가마에서 도자기를 굽기 시작했으니 300년의 타임리스한 명성을 자랑할 만도 하다.

도자기를 수집하다 보니 자연스럽게 스웨덴 친구들을 많이 알게 되었다. 그중 '리누스'라는 친구는 로스트란드의 광적인 수집가이다. 그에게 로스트란드의 자랑거리가 뭐냐고 물어보니, '독일의 마이센을 제외하면 가장 오래된 역사를 가졌고, 처음부터 왕실과 귀족들을 위한 도자기로 만들어져 위상이 대단히 높고, 그만큼 품질 관리가 잘된 도자기'라고 하였다. 또한 제품들은 간결하면서도 섬세한 라인과 패턴을 가지고 있고 자연에서 모티브를 얻었다고 설명해 주었다.

몬아미 등 전 세계적으로 호평을 받은 디자인은 또다시 복각판으로 만들어 판매되고 있고 여전히 명성을 이어가고 있다. 클래식과 모던의 경계를 넘나들며, 세대를 뛰어넘는 아름다움과 럭셔리함을 가진 로스트란드 도자기의 세계에 빠져 보시길 바란다.

로스트란드

HISTORY

◆

스웨덴의 디자인 역사를 만들어 온 로스트란드의 컬렉션은, 세련된 우아함으로 일상과 특별한 순간을 더욱 빛나게 한다.

로스트란드 홈페이지

북유럽에서 가장 오래되고 잘 알려진 대표적인 도자기는 로스트란드이다. 독일 출신의 도자기 장인인 요한 볼프Johan Wolff가 1726년에 스웨덴 스톡홀름의 로스트란드 성에서 스웨덴 왕실 납품용 자기를 만들 목적으로 가마를 지었다. 이는 1706년에 설립된 독일의 마이센 이후, 유럽에서 두 번째로 세워진 도자기 회사이다. 마크도 왕실을 대표하는 왕관 문양이 사용되었다.

300년이 다 된 도자기 회사인 만큼 북유럽 어디서나 로스트란드 브랜드의 오래된 빈티지 자기를 만날 수 있다. 창업 당시만 해도 1,300도 이상에서 구워 낸 단단한 경질 자기는 유럽에서 '하얀 금'으로 불릴 정도로 귀한 물건이어서, 상대적으로 경제력이 뒤처진 북유럽에서는 선뜻 살 수 있는 사람이 많지 않았다. 그러다가 19세기 중반부터 크게 성장하기 시작하였으며, 1873년에는 핀란드에 가마를 지어 도자기를 생산하기 시작했다. 이것이 훗날 아라비아 핀란드의 모태가 되었다.

오늘날 스웨덴 등 북유럽 옥션 경매 시장에서 가장 활발하게 거래되는 것 중 하나는 오래된 유명 디자이너의 로스트란드 도자기이다.

초기 로스트란드는 동양에 대한 호기심과 청화자기에 대한 선망으로 중국이나 일본 자기를 모방한 것들이 꽤 많았다. 품질도 단단한 경질 자기까지는 이르지 못해, 들었을 때 조금 가볍고 손가락으로 튕겼을 때 경쾌한 쇳소리가 아닌 둔탁한 소리가 나는 연질 자기에 머물렀다. 초기에는 상하이Shanghai, 재팬Japan (스웨덴어로 '야판'으로 발음) 등의 라인이 있다.

1950년대에 들어서면서 본격적으로 로스트란드만의 정체성을 확립해 갔는데, 여기에는 '도자기의 어머니'로 불리는 마리안네 베스트만Marianne Westman의 역할이 컸다. 마리안네가 참여해 1952년 디자인한 네잎클로버 문양의 몬아미Mon Amie, 1960년에 나온 에덴Eden 등은 가장 사랑받는 라인이다.

몬아미 Mon Amie

내 친구라는 의미의 '몬아미'는 아주 청량한 잉크 블루가 시선을 사로잡는다. 백자 위에 어쩜 이리도 심플한 문양으로 화려함을 표현할 수 있었을까 싶다. 몬아미는 복각판(재생산)으로 꾸준히 생산되고 있으나, 핸드메이드 오리지널 감성은 역시 Made in Sweden이다.

에덴 Eden
마리안네 베스트만은 '애플_善惡果'의 단면을 도자기에 담았다. 에덴 동산에서 하와가 아담에게 건넨 유혹의 사과 반쪽이다.

로스트란드 백마크
백마크에 있는 왕관은 로열Royal의 상징으로 왕실에서 인정받았음을 의미한다. 브랜드의 역사적 위상과 품질에 대한 자부심이라고 할 수 있다.

300년의 긴 세월 동안 도자기 하나만을 묵묵히 만들어 온 열정은 아무나 흉내 낼 수 있는 일이 아니다. 도자기를 진심으로 사랑하는 사람이라면, 접하면 접할수록 세대를 이어 세계인의 사랑을 받는 로스트란드의 매력에 빠질 수밖에 없다.

로스트란드는 매우 심플하면서 실용성이 강한 라인부터, 사랑스럽고 화려한 제품까지 다양하게 출시해 왔다. 이것은 긴 역사만큼이나 많은 북유럽 최고의 디자이너들이 가장 좋은 제품을 위해 헌신한 결과이다.

꽃무늬의 Pink Rose
누구의 작품인지는 정확히 알 수 없지만, 도자기의 질감과 문양이 매우 사랑스럽다. 소장품을 때때로 바라보는 것만으로도 행복감이 든다.

디아망 비바 Diamant Viva
제키 린드 Jackie Lynd가 디자인한 디아망 비바 라인은 백자 위에 브라운 테두리(트림)가 편안함을 자아내고, 그 아래의 심플한 은방울꽃이 상큼하고 귀엽다. 1982년부터 2005년까지 생산되었다.

크리스마스를 위한 시 Julpoesi
잭키 린드가 24K 금을 과감하게 활용하여 디자인했다. 기념 접시 중 가장 화려하고 아름답다는 평가를 받는다. 예수의 탄생, 고요한 밤 거룩한 밤 등의 주제로 1970~1980년대에 생산되었다. 또한 머그컵과 종도 함께 출시되었지만 그 수량이 많지 않아 수집하기가 만만치 않다.

FIKA TIME

칼 라르손 Carl Larsson

스웨덴 태생의 칼 라르손(1853-1919)은 스웨덴뿐만 아니라 북유럽의 국민 화가이다. 노르웨이 현대미술관 등 북유럽의 미술관 어디에서나 칼 라르손의 작품을 감상할 수 있다.

칼 라르손은 스웨덴 스톡홀름에서 매우 불우한 어린 시절을 보냈다. 지독한 가난으로 열악한 환경에 처해 있던 중, 13세 때 재능을 알아본 학교 선생님의 권유로 왕립 예술 아카데미에 입학하면서 그림 공부를 체계적으로 시작하게 되었다. 이후 29세에 파리에서 활동하다 위대한 국민 화가 탄생의 도화선이 된 아내 카린 Karin Larsson을 만나면서 그의 걸작품인 수채화를 본격적으로 시작하였다.

칼과 카린은 8명의 자녀를 두었다. 칼은 가족을 모델로 그림 그리기를 좋아하였고, 주로 가족의 목가적인 생활을 수채화로 그렸다. 그의 작품에서 묘사된 인테리어 문양은 디자이너로 일했던 카린의 작품들이다. 훗날 칼과 카린의 회화 속 디자인은 많은 부분에서 이케아의 영감이 되었다고 한다. 칼은 자신의 최고 작품을 '한겨울 희생 Midvinterblot'이라고 하였다.

역사적인 유산으로 보존되고 있는 칼의 집 '칼 라르손 가든 Carl Larsson Garden'은 스톡홀름에서 차로 3시간 정도의 거리인 순드보른 Sundborn에 있다. 북유럽 여행을 계획하고 있다면 꼭 방문해 보길 권하고 싶다.

사람들에게 사랑받는 칼 라르손의 대표작을 기념 접시로 만들었다. 그릇의 가장자리를 유니크하게 투각 처리하였는데, 도자기 제작에서 난이도 높은 테크닉으로 그릇의 가치를 더욱 돋보이게 한다.

칼 라르손 작품이 들어간 로스트란드 기념 접시

로스트란드는 어머니날(5월 둘째 주 일요일)과 아버지날(6월 셋째 주 일요일) 기념 접시를 해마다 만들면서 칼 라르손 작품을 사용했다. 칼 라르손의 수많은 작품에서 등장하는 가정, 집, 아이들, 부모, 사랑하는 아내 등의 가족 소재는 그의 천재적인 예술 세계의 토대가 되었다.

아라비아 핀란드

Arabia Finland, 핀란드, 1873~

핀란드 헬싱키 북부, 바니아이오키 강이 조용히 흐르는 곳에 아라비아 지구가 있다. 이름은 중동 지역과 비슷하지만 이곳은 하얀 눈과 빛의 향연인 오로라를 볼 수 있고, 산업 디자인의 심장이자 오랜 공예의 숨결이 흐르는 참 멋진 곳이다.

아라비아 핀란드의 모기업은 로스트란드이지만, 아라비아 핀란드는 핀란드만의 느낌과 정서가 가득 담긴 도자기를 완성했다. 대부분은 일반 도자기에서 보기 드문 진한 색감을 갖고 있다. 어두운 느낌의 컬러는 밝은 톤에 비해 오래 사용해도 지루함이 덜하다. 아라비아 핀란드 도자기는 내가 지금까지 깨진 도자기를 거의 볼 수 없었을 정도로, 내구성이 그야말로 상상 초월이다. 손잡이에 손가락을 넣었을 때 넉넉하면서도 착 감기는 편안한 그립감이 좋아 커피를 마실 때는 울라 프로코페Ulla Procopé가 만든 루스카 잔을 애용하곤 한다. 사용하면서 느끼는 만족감과 설렘은, 어쩌면 춥기로 유명한 이곳의 도자기 가마에서 나오는 뜨거운 연기와 같은 장인들의 열정과 고집으로 물건들이 탄생했기 때문일 것이다.

최근에 매스컴에도 자주 소개되어 앤티크 마니아들에게 매우 핫한 아라비아 핀란드 도자기는 2015년 처음 선보였을 때만 해도 관심을 보이는 사람이 드물었다. 둔탁하고 시선을 한눈에 사로잡지 못하는 묵직한 색감 때문이었다. 결국 한쪽 구석에 쌓아놓고 헐값에 파는 일이 많았다. 그런데 몇 년 사이 그 가치가 몇 배나 오르면서, 현지에서도 수집이 힘들 정도이니 격세지감이 아닐 수 없다. 당시 북유럽 딜러들은 일본 사람들이 아라비아 핀란드를 매우 선호하니 앞으로 한국에서도 인기가 있을 것이라며 권했던 제품이었다. 두툼한 무게감에도 불구하고, 커피잔 손잡이에 손가락을 넣었을 때 느껴지는 편안함과 균형감 덕분에 좋은 도자기임을 알 수 있었다.

아라비아 핀란드는 '날 좀 보소'라며 외치는 요란한 아름다움을 드러내는 게 아니라 수줍고 예쁜 아가씨의 미소 같은 정서를 일으킨다. 오래 써도 질리지 않고 깊은 색감에서 우러나는 우아함이 있다. 신기한 건, 우아하면서도 소박하여 어떤 장소나 어떤 분위기에도 잘 어울린다.

북유럽에 처음 갔을 때 가장 흔하게 볼 수 있던 그릇 중 하나가 바로 아라비아 핀란드였다. '도대체 얼마나 많이 만들었으면 이렇게 많을까?' 하고 생각했다. 그런데 최근에는 눈에 띄게 귀해졌다. 절제된 디자인과 실용적인 도자기의 가치를 많은 사람이 알아보고 수집했기 때문이라고 생각된다. 1990년 후반부터 인건비 등 생산비 문제로 핀란드가 아닌 해외에서 생산하고 있다. 핀란드에서 생산된 빈티지는 본국 생산 중단을 계기로 가격이 예전보다 많이 올랐다.

아라비아 핀란드
HISTORY

◆

아라비아는 테이블을 세팅했고, 사람들은 그 테이블을 삶으로 가득 채웠다.

_ Fiskars Group 홈페이지 Arabia identity 중에서, 2013년

초기 아라비아 핀란드에서 생산한 제품들의 상당수는 러시아에 수출되었고, 시설이나 인력 면에서 양질의 제품을 생산할 만한 역량이 되지 않았다. 그러나 1947년 현재의 아라비아 본사 건축 후 2,000명 이상의 임직원이 좋은 환경과 시설에서 근무하게 되면서 획기적으로 발전하는 계기가 되었다. 제2차 세계 대전 후 대부분의 그릇 공장이 문을 닫았다. 그러나, 아라비아 핀란드는 전쟁으로 많은 상처를 입고 폐허가 된 환경에서도 꿋꿋하게 가마를 짓고 생산을 이어 갔다.

아라비아 핀란드는 단순한 그릇 생산 공장이 아니라 '국민적 자부심' 그 자체였다. 1950년대에 아라비아 핀란드는 뛰어난 디자이너를 고용하고, 밀라노 트리엔날레에서 1951년, 1954년, 1957년에 연이어 상을 받았다. 성장 동력을 확보한 아라비아 핀란드는 1953년에는 카이 프랑크Kaj Franck가 디자인한 킬타Kilta 라인과 1960년대에는 울라 프로코페의 루스카Ruska 라인 등이 소비자로부터 열렬한 지지를 받았다. 당시에는 요리를 오븐 용기에 조리한 후 별도의 접시로 테이블 세팅을 했는데, 이러한 불편을 해소하고 바로 넣어 조리해도 되는 내구성과 심플하면서도 고급스럽고 유니크한 색감 덕분에 주부들로부터 오래도록 사랑을 받을 수 있었다.

1970년대부터는 터널 가마와 자동화 성형 라인 등 시설 현대화로 시장의 수요에 한층 탄력적으로 대응할 수 있게 되었다. 인케리 레이보Inkeri Leivo의 아크티카Arctica 라인은 상아빛의 아름다운 선이 특징인데, 이는 터널 가마에서 구운 새로운 재료의 비트로 포슬린Vitro-porcelain으로 제작된 것이다.

1984년에는 모기업이었던 로스트란드를 흡수 합병하는 등 성장을 거듭하여 140년이 넘는 역사를 가진 아라비아 핀란드는 이제 핀란드인들로부터 가장 사랑받는 브랜드 중 하나로 인정받고 있다.

현재 아라비아 핀란드는 피스카스Fiskars 그룹의 소유가 되었다. 피스카스 그룹은 로얄 코펜하겐, 로스트란드, 이딸라 등 대부분의 북유럽 키친웨어 전문 브랜드를 소유하고 있어, 북유럽 피스카스 직영 매장에 가면 이들 브랜드를 한 곳에서 만나 볼 수 있다.

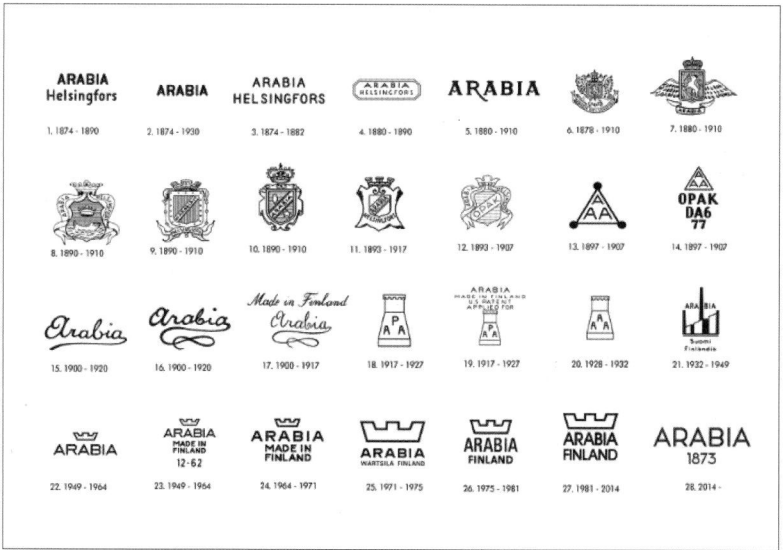

아라비아 핀란드의 백마크

루스카Ruska

아라비아 핀란드가 배출한 최고의 디자이너 중 하나인 울라 프로코페의 '루스카'이다. 핀란드어로 '가을 단풍잎'을 의미한다. 출시될 당시 '도자기의 새로운 발견'이라 평가될 정도로 혁신적인 제품이었다. 안정된 그립감과 묵직하고 단단한 질감을 느낄 수 있고, 독특한 유약 처리로 패턴과 색감의 차이가 뚜렷하여 똑같은 제품은 찾을 수 없다. 언뜻 보면 소박한 우리의 질그릇 느낌을 닮아 사용할수록 진한 매력으로 다가온다. 1960년부터 1990년까지 생산되었고 북유럽 어디에서나 오래도록 사랑받은 라인 중 하나이다.

루이자 Ruija

부드러운 베이지색 바탕에 단순하지만 임팩트 있게 초록과 브라운으로 나뭇잎을 그렸다. 시원스러운 붓질이 더욱 매력적이다. 추운 날 따뜻한 차 한 잔하기 딱 좋겠다는 생각이 저절로 드는 찻잔이다. 갈수록 수집하긴 힘들지만 수집할 때의 만족감도 그만큼 크다.

아라비아 핀란드 연도 접시

라이야 우오시키넨Raija Uosikkinen이 디자인한 아라비아 핀란드 연도 접시이다. 핀란드의 국민 서사시 「칼레발라Kalevala」나 「이솝우화」 등이 모티브가 된 제품으로 마치 동화 속 삽화를 보는 듯하다. 두툼한 무게감이 럭셔리함을 더해 준다. 리미티드 에디션이고, 전문 수집가들의 헌팅 타깃이 되어 수집하기 만만치 않다.

코스모스 Kosmos

올리브색 바탕에 검정과 브라운의 진한 스트라이프 패턴이 특징이다. 아름다운 컬러의 조합이 신비롭기까지 하다. 울라 프로코페가 디자인하여 1962년부터 1976년까지 생산되었다. 일본에서 시작된 아라비아 핀란드 빈티지 수집 열풍은 우리나라를 거쳐, 이젠 중국과 중동의 부유층까지 퍼지고 있다. 너무 빠르게 가격이 올라 '앤테크'라고 한다.

아크티카 Arctica
인케리 레이보의 아크티카는 상아빛의 부드러운 색감이 매력적이다. 기물 전체에 흐르는 아름다운 선이 담백하고 근사하다. 자세히 보았을 때의 상아빛 색감은 감탄을 자아낸다. 많은 사람들에게 꾸준히 사랑받는 라인이다.

미적인 감각과 실용성을 갖춘
북유럽 세라믹과 장식품

북유럽 디자인에서 두드러지는 특징은 자연스러움이다.
이는 미적인 감각과 실용성의 절묘한 조화에서 나온다.
제품을 기획할 때 미적인 요소를 중요하게 생각하면서도
그에 앞서 기능과 실용성을 최대한 고려한 결과이다.

호가나스 머그컵은 그런 면에서
한 번 사용하면 손에서 놓기 어려운 아이템이다.
맑은 진청과 샛노란 색의 오묘한 색채로 눈을 사로잡고,
동시에 매끈하면서도 미끄러지지 않고 손에 착 감기는 그립감,
가벼운 듯하면서도 결코 가볍지 않은 적당한 중량감 등으로
미적인 감각과 실용성을 다 갖추었기 때문이 아닐까.

북유럽 사람들은 소품으로 집 꾸미기를 즐긴다.
동물 피겨린이며 촛대와 꽃병 등을 곳곳에 놓아
자신만의 독특한 분위기를 연출한다.
밝고 따뜻한 느낌의 북유럽 소품들은 어디에 두어도 주변을 밝혀 주는데,
처음 방문한 공간에서 아기자기한 새와 말, 고양이 등의 소품들을 마주하면
긴장했던 마음이 스르르 풀리기도 한다.

꽃 모양을 예쁘게 구워 낸 이이에Jie 도자기 액자 또한
북유럽 특유의 자연스러운 멋을 살린 실내 벽 장식 소품이다.
밋밋한 벽에 걸어 두면 주변 인테리어와 저절로 어울린다.
요란함은 없으나, 담백한 매력을 은은하게 드러내며
단아하고 엘레강스한 분위기를 자아낸다.

밝은 브라운 톤의 북유럽 티크 가구는
눈길을 휘어잡는 영국이나 프랑스의 가구와는 확연히 다르다.
서유럽 정통 가구는 '나 어때?' 하는 뽐냄이 있다면,
북유럽 티크 가구는 나무색과 결을 잘 살린 소재 본연의 아름다움이,
볼수록 매력 있는 '볼매' 스타일이다.

섬세하고 러블리한 코모도 콘솔은 모서리를 감싼 골드 메탈 오믈루,
우아한 무늬목으로 본체를 감싼 우드 소재,
콘솔 위에 얹어진 럭셔리한 대리석, 그리고 담백한 문양의 상감까지,
각각의 소재와 기법이 조화롭게 녹아든 모습이다.
숙련된 장인들의 고도로 정교한 작품인 코모도 콘솔은
어느 공간에 놓아도 그곳의 격조를 한 단계 높여 준다.

호가나스

Höganäs, 스웨덴, 1909~

북유럽에서 생활하면서 자연스레 접하게 된 것 중 하나가 '호가나스'이다. 원두를 오래 볶아 쓴맛과 초콜릿 향이 강하고 풍부한 바디감이 있는 북유럽식 다크 로스팅 커피를 마실 때마다 편안한 머그컵을 사용했는데, 나중에 알고 보니 다름 아닌 호가나스 머그컵이었다.

이후 예쁘고 사용하기에도 편안한, 맑은 진청색과 샛노란 호가나스 머그컵에 빠져들었다. 그야말로 다시 재회한 첫사랑이라고나 할까.

호가나스라는 조그만 도시를 몇 번이나 찾아간 이유도 순전히 이 컵들이 좋아서였다. 이렇게 사랑스런 컵을 어떤 곳에서 만들었는지, 가지고 있는 것 외의 다른 아이들은 어떤 느낌일지, 호기심에 먼길도 마다하지 않고 찾아갔다.

아쉽게도 지금은 생산 공장을 태국으로 옮겨, 가마에서 피어오르는 연기를 직접 볼 수 없게 되었다. 대신 호가나스의 역사와 제품들을 한눈에 볼 수 있는 박물관이 있어 위안이 된다.

호가나스 박물관
스웨덴 호가나스에 있는 호가나스 박물관에는 호가나스 도자기와 선사 시대 유물까지 볼거리가 풍성하다. 고풍스러운 박물관 앞의 조각상(왼쪽 사진)은 도시의 자랑인 망누스 스텐보크Magnus Stenbock로, 그는 군인이자 정치가이면서, 시와 그림 등 예술적 재능도 뛰어났다고 한다.

Stoneware that insulates heat well.
따뜻함을 오래 간직하는 스톤웨어

_The historty of the Höganäs Keramik 중에서

    호가나스는 스웨덴 남서부에 있는 아주 작은 도시로, 작지만 아기자기해서 정감 있는 시골 마을 느낌이 난다. 전형적인 북유럽 사람들답게 길을 물으면 매우 친절하다. 이곳 사람들은 자신들이 도자기의 고장에 사는 자체가 매우 자랑스럽다고 했다. 1909년이 이곳에서 도자기를 만든 원년이라고 하니, 100년이 훌쩍 넘었다. 하지만 북유럽의 많은 도자기가 그렇듯이 현재 이곳에서는 도자기를 생산하지 않는다.

    호가나스 빈티지 도자기들은 특유의 색감으로 비교적 구별이 쉽다. 높은 온도에서 구워 낸 최고 품질의 스톤웨어로, 도자기 자체가 매우 단단하고 차를 마실 때 따뜻한 상태를 오래도록 유지해 준다. 매우 선명한 잉크 블루, 짙고 강렬한 노랑은 어떤 안료와 유약을 입혔을까 하는 궁금증을 일으킨다. 또한, 특유의 쑥빛 색깔은 도대체 도자기에서 나올 수 있는 색인가 하는 놀라움을 갖게 한다.

    스웨덴에 거주할 때 색감에 반해 사용하기 시작한 호가나스 머그컵은 사용할수록 실용성에도 반하게 되었다. 미드센트리, 그러니까 1950년대 전후에 생산된 오래된 찻잔들은 간혹 형태가 자연스럽게 기울어지는 등 최초 성형과는 다르게 완성되었음에도 있는 그대로 판매되었고 오래도록 사용되고 있는 것도 신기했다.

    우리가 맛을 평가할 때 빼놓을 수 없는 것이 식감이다. 입안에서 느끼는 아삭아삭하거나 부드러운 감촉 등 말이다. 음식의 식감과 같은 역할을 하는 것은 도자기의 질감이다. 호가나스에는 다른 도자기에서 느낄 수 없는 참으로 자연스러운 질감이 있다.

호가나스 머그컵

호가나스는 뭐니 뭐니 해도 색감이다. 샛노란 색이나 상큼한 블루가 특히 예쁘다. 단단한 내구성은 덤이다. 사용할수록 정이 간다. 가족마다 좋아하는 색깔을 정해 개인 컵으로 사용해도 좋다. 북유럽 여행 시 필수 아이템이다. 벼룩시장을 방문한다면 의외로 좋은 가격에 득템할 수도 있다. 가까운 친구에게 건네도 근사한 선물이 된다.

기물을 성형하고, 건조하고, 굽는 과정에서 생긴 모래 자국이나 점이 있는 제품일지라도 자연스러운 질감으로 생각해 가격 차이 없이 유통된다. 스웨덴 사람들은 '이것조차도 자연스러운 멋이다.'라고 한다. 빈티지 숍 등에서 거래를 할 때, 물건들을 흥정하면서 하자나 데미지를 이유로 가격 할인을 요구하면 좀 의아한 눈빛으로 바라볼 때가 있다. 심지어 흠이나 금 간 곳이 있더라도 가격 차이가 별로 없을 때도 있다. 흠이 있으면 금이 간 그릇, 사용하기에는 기분이 별로 좋지 않은 그릇으로 여기는 우리네와는 사뭇 다른 모습이다.

호가나스의 또 다른 특징은 나무 소품과 자연스럽게 어울린다는 것이다. 예를 들면, 호가나스 컵들은 검정 자작나무 컵받침과 편하게 잘 어울린다. 이질적인 소재들이 만나 잘 어울리는 것을 보면 참 신기하다.

좋은 사람과 오래도록 마주 보며 따뜻한 차 한잔을 마시고 싶은 날엔, 호가나스 컵이 생각난다.

금슬 좋은 부부처럼, 호가나스 컵은 검은색 우드 받침과 같이 있을 때 훨씬 멋스럽다. 시간이 갈수록 우드 받침을 구하기가 어려워지고 있다. 브라운 계열의 컵받침은 대부분 스웨덴 원산지가 아니다.

호가나스 시내의 아울렛 매장
피스카스 직영점은 로얄 코펜하겐, 로스트란드를 비롯하여 북유럽 키친웨어 대부분의 브랜드를 다루고 있다.

호가나스 빈티지
아울렛 매장에서는 새 물건과 함께 빈티지도 판매하고 있는데, 일반적으로 새 물건보다 가격이 더 비싸다. 매장에서는 로스트란드의 명작인 오스틴디아 등도 만날 수 있고, 핀란드 무민도 한 번에 감상할 수 있다.

데코 세라믹
Deco Keramik, 스웨덴, 1955~2008

어느 날 문득 이런 생각이 들었다. 북유럽, 특히 스웨덴 가정의 장식장이나 창문틀에 데코 세라믹의 로사융Rosa Ljung이 디자인한 제품이 없는 집이 있을까?

내가 초대되어 방문한 북유럽 사람들의 모든 집에는 로사융 피겨린figurine들이 곳곳에 자리 잡고 있었다. 이를 통해 북유럽 사람들이 가장 좋아하는 동물이 새와 말, 고양이 등이며, 긴 겨울을 살아가는 이들에게 촛대와 꽃병이 필수적인 디자인 아이템임을 알게 되었다.

호랑이는 죽어서 가죽을 남기고 사람은 죽어서 이름을 남긴다고 하는데, 위대한 한 사람의 흔적은 그만큼 많은 것을 바꾸어 놓는 힘을 갖고 있다. 데코 세라믹은 1955년 스웨덴 헬싱보리Helsingborg에서 시작한 작은 도자기 회사였다. 그런데 소유주인 알란Allan Mollerstrom이 로사융이라는 실험적인 예술가를 만나면서 회사의 운명이 바뀌게 된다.

로사융은 1917년 스웨덴 예테보리에서 태어났으며 예술적인 재능이 남달랐다. 발란드 예술학교Valand målarskola를 다니면서 예술적인 영감을 더욱 키웠으며, 1938년 결혼 후 에스킬스투나Eskilstuna에 정착하였다. 그곳에서 예술가이자 도예가인 알란Allan Ebeling을 만나게 되면서 도예가로서의 길을 걷게 되었다. 1951년 헬싱보리로 이사한 로사융은 자신의 집 지하실에 가마를 설치하고 새롭고 다양한 도자기 유약을 개발하였다. 로사융 도자기의 선명한 색감은 이러한 실험 정신으로 완성된 것이다.

로사융은 일상에서 흔히 볼 수 있는 새, 고양이 등을 모티브로 사람들의 눈높이에 맞춰 소박하지만 세련된 작품을 디자인하였다. 그녀의 초기 작품에는 고양이, 말, 새 등 동물 형상이 많았다. 둥근 곡선과 부드러운 유약, 부조에 새겨진 작은 꽃 장식은 로사융 작품의 주요 특색으로, 그녀만의 개성 있는 세계를 구축하고 있다. 로사융은 점차 시야를 넓혀 동물 피겨린 이외에도 촛대, 화분, 꽃병, 커피잔 등 다양한 실용품을 만들었다. 당시 북유럽은 경제적 호황기였고, 점점 더 많은 사람이 도자기 장식품 구입에 관심을 가지던 시기였다. 때맞춰 생산된 로사융의 산뜻하고 친숙한 도자기 인형들은 불티나게 팔려 나갔다.

로사융의 디자인은 독특한 개성과 우아함을 지녀, 시대를 초월하여 스웨덴의 위대한 도예가로 평가받고 있다. 북유럽 어느 가정에서든 로사융의 개성 있는 작품들을 볼 수 있으며, 로사융 작품을 전문적으로 수집하는 사람들도 북유럽뿐만 아니라 전 세계적으로 늘어나고 있다. 이제는 더 이상 복각판조차도 생산되지 않고 있으며 일본과 우리나라 등에서 북유럽 소품 수요가 늘어나면서 북유럽 실내 인테리어의 필수 아이템이 되어 가고 있다.

새와 고양이는 작고 귀엽다. 원하는 먹이를 먹고 따뜻한 볕을 쬐는 듯 표정이 편안해 보인다. 높이 10cm 내외의 이 아이템들은 어떤 소품들과도 잘 어울린다. 또한, 창가나 화장실 선반 등에 한두 개 올려놓으면 그 공간을 편안하게 하는 효과가 있다.

보랏빛으로 러블리하게 채색된 말이다. 북유럽 사람들은 유독 말을 아끼고 사랑한다. 달라호스(북유럽 목각 인형)에 그려진 로즈말링 느낌과도 다르고, 말의 형체와 잘 어울리는 색감이 산뜻하다.

스웨덴 단독주택의 2층 주방 창문
왼쪽 끝에 옹기종기 모여 있는 새와 고양이를 보는 것만으로도 평안함이 묻어난다. 작은 소품을 활용한 인테리어는 손님 방문 시 좋은 대화 소재가 될 수도 있다. 또한, 구도가 잘 잡힌 소품 배치는 공간을 멋스럽게 할 뿐만 아니라 마음을 따뜻하고 행복하게 한다.

벽 장식 타일
1950년대에 요한손 J. Johanson이 디자인한 벽 장식 타일로, '소녀와 꽃' 그림이 정겹다. 이처럼 벽 장식 타일로 단조로운 벽에 리드미컬한 포인트를 주면 이국적인 멋이 있다.

창의적이고 우아한 도자기 촛대
촛대는 북유럽 소품 중 가장 발달하였고, 소재도 다양하다. 그중 우드 소재의 촛대는 '혹시나 촛불이 촛대로 옮겨붙지 않을까' 하고 염려될 정도이다. 중앙에 있는 홀더에 예쁜 빨간색 초를 꽂아 식탁 중앙에 놓으면 한껏 격을 높인 테이블 세팅이 완성된다.

로사융의 소품들

로사융의 브라운 계열의 저그Jug와 각기 크기와 모양이 다른 새 소품이다. 조명과 디스플레이 위치에 따라 각기 다른 분위기를 연출할 수 있다. 옹기종기 모여 있는 동물 소품들이 평안함을 풍긴다.

이이에
Jie, 스웨덴, 1909~1992

북유럽 세라믹 이이에를 처음 접했을 때, 신기해서 오랫동안 눈을 뗄 수가 없었다. 영어 철자 'J'가 스웨덴어에서는 모음인 '이'처럼 발음되기 때문에 회사 이름 'Jie'는 '이이에'로 불린다.

이이에는 1909년 스웨덴 남부의 헬싱보리에서 시작했다. 이이에가 주목을 받기 시작한 것은 리사 라르손Lisa Larson과 같은 걸출한 도예 디자이너가 활동하면서부터이다.

이이에의 대표적인 제품은 네모난 도자기 액자 소품이다. 타일도 아닌 것이, 네모난 도자기가 통째로 액자 역할을 톡톡히 해서 비어 있다 싶은 벽면에 이것 하나만 걸어놔도 허전함을 충분히 메우는 효과가 있다. 이이에는 흙으로 기물을 성형하고, 하나하나 핸드 페인팅으로 화려하게 채색하여 오래 보아도 물리지 않는다.

리사의 작품을 포함한 이이에의 소품들은 수집가들이 소장하기를 갈망하는 아이템 중 하나인데, 특히 일본 사람들의 이이에에 대한 사랑은 유별나다. 작품의 가격도 희소성으로 인해 계속 오르고 있다.

단조롭거나 심심해 보이는 거실이나 주방, 욕실 벽에 화사한 꽃으로 장식된 이이에 액자를 포인트로 걸어 보자.

도자기 타일 액자

가장 대표적인 모티브는 꽃이다. 부드럽고 따뜻한 북유럽만의 색감이 물씬 스며 있다. 북유럽 식물도감의 대표적인 꽃들을 감상하는 것만으로도 정겹다. 양각의 입체미와 섬세한 핸드 페인팅으로 자연주의 감성을 느낄 수 있다.

액자 뒷면에는 디자이너 표시와 상품 번호가 표기되어 있다.

아이모 니에토스부오리 Aimo Nietosvuori 가 디자인한 벽걸이 시계

자작나무 너머 시골 교회가 있고, 왼쪽엔 빨간색으로 페인팅된 전통 목조 가옥이 정겹게 보인다. 앞자리를 차지한 블루 톤의 블로시파 blasipa 꽃은 실제로는 보라색에 가깝다. 칼 폰 린네는 식물도감에서 이 꽃을 '아네모네 페파티카'라고 불렀다. 북유럽의 봄을 알리는 꽃으로 사랑받는다. 이이에 작품 중 1942년부터 1992년까지 스웨덴 간토프타 Gantofta 지역의 가마에서 생산한 제품들은 특히 귀하게 대접받는다.

핸드 페인팅의 자연스러움이 담백하게 다가온다. 그라데이션 유약 처리로 더욱 세련된 색감을 표현하였다.

꽃을 들고 있는 소녀
이 피겨린은 장식용으로도 멋있지만, 실제 화병으로도 사용할 수 있다. 손이 연결된 부분에 작은 구멍이 나 있어 물을 붓고 생화를 꽂을 수 있다. 보통은 드라이플라워를 꽂아 감상하는 것을 추천한다.

푸센 Pussen (키스)
에디스 리세베리 Edith Risberg가 디자인한 푸센 라인 중 하나. 부케를 든 신부의 표정이 너무 사랑스럽다. 부드럽고 개성 있는 화이트와 브라운 톤의 느낌이 거부감 없이 자연스럽다. 신부가 든 핑크 꽃이 포인트 컬러이다.

티크Teak 가구

1900년대 중반부터 덴마크를 중심으로 티크 목재가 선풍적인 인기를 끌기 시작했다. 당시 덴마크의 모던 가구는 세련된 디자인적 요소보다 소재 본연의 아름다움과 일상생활의 기능에 초점을 맞춘 깔끔한 디자인이 특징이었는데, 티크 소재가 안성맞춤이었던 것이다.

현대 덴마크 디자인 가구는 공간을 압도하거나 요란하지 않아서 잔잔한 북유럽의 호수를 보는 것 같다. 화려한 장식 없이 깔끔하고 단순한 선을 강조하고 티크 소재의 밝은 브라운 나무색과 결을 잘 표현한다. 가구 형태가 때론 비대칭이거나 균형에 맞지 않는 것도 있는데, 이는 기능성을 최대한 살리기 위함이다.

최근에 생산된 덴마크 티크 가구는 합판 위에 단단한 목재 프레임으로 가장자리를 고정하여 튼튼하게 제작하고 있는데, 이러한 제작 방식은 티크 원목 가구의 가격과 맞물려 있다. 티크 수요가 계속 증가하고 공급이 감소되면서 가격이 급격히 상승하였다. 일부 티크나무는 멸종을 우려하여 아예 수출을 금지하는 경우까지 생기면서 티크 가구의 대량 생산을 더욱 어렵게 하였다. 이에 따라 북유럽에서는 1970년대를 정점으로 나무를 구하지 못해 티크 가구 생산은 서서히 하향길을 걷게 되고, 기존에 생산된 가구는 수집가들에게 더욱 인기를 끌고 있다.

티크는 선박 재료로 쓰일 만큼 단단한 내구성을 갖고 있어 천년을 간다고 한다. 이것저것 화려한 장식 없이 깔끔하고 단순한 선을 강조한 티크 가구는 '천년을 견딘다'는 자신감을 보여 주는 듯하다.

가장 전형적인 티크 장식장
상단에는 책이나 장식품을 수납하고, 하단 좌측 상판을 잡아당겨 확장하면 익스텐션Extension 책상으로 사용할 수 있는 등 다용도이다. 하단 오른쪽 4칸의 서랍들도 작은 소품들을 칸칸이 수납할 수 있어 아주 유용하다. 연한 브라운 컬러는 공간을 부드럽고 밝게 한다.

티크 소재의 3단 서랍형 협탁
전형적인 깔끔한 형태로, 네모반듯함의 단조로움에 부드러운 반달 모양 손잡이가 포인트로 눈길을 끈다. 다리는 진한 적갈색 장미목Rosewood으로 컬러에서 오는 안정감이 있다. 고급 목재인 티크와 장미목이 잘 어우러진 협탁이다.

5단 미니 서랍형 캐비닛

원목 상판에는 검은색 에나멜 페인팅을 했다. 아마도 누군가 뜨거운 것을 올려놓는 등으로 데미지가 있었던 듯한데, 궁리 끝에 페인트를 칠해 놓은 것 같다. 못질 없이 섬세하게 짜맞춤 방식으로 만들어진 가구는 재료의 강도와 내구성을 극대화하여 오랜 세월을 사용해도 변함이 없다. 서랍 손잡이는 티크 원목으로 부드러운 타원 모양으로 만들고, 위아래 홈을 두어 여닫기 편하게 설계하였다.

코모도 콘솔 Comodo Console

밋밋한 벽면이나 공간에 포인트 가구로 활용되는 코모도 콘솔은 북유럽에서 생산되는 고급 대리석과 브라스 오믈루Brass ormolu 주물, 그리고 최고급 마호가니 또는 호두나무 소재의 목재를 활용하여 만들어진다. 서로 이질적인 재료인 나무와 금속, 돌이 어우러져 우아함의 극치를 이룬 것이 바로 코모도 콘솔이다.

코모도 콘솔을 완성하기 위해서는 세 분야의 숙련된 장인들이 필요하다. 각각의 다른 소재가 어우러져 하나의 작품이 만들어지는 것이다. 각 소재가 갖는 이질감으로 인해 형체가 뒤틀리거나 틈이 벌어지는 하자가 발생할 가능성이 있어 그만큼 정교한 협업이 필요하다. 나무는 습기의 영향을 받아 팽창과 수축을 반복하므로 이 신축성을 수용할 수 있는 메탈 작업이 이뤄져야 한다. 가구 위 대리석도 브라운의 우드 소재와 절묘한 조화를 이루지 않으면 어색하기 짝이 없다.

여기에 세련된 멋을 더하기 위해 홈에 무늬목을 집어넣는 상감 처리 또한 여간 솜씨 좋은 장인을 필요로 하는 것이 아니다. 오려서 붙이고 메우는 작업이 서로 맞지 않으면 무늬목 소재가 들뜨는 등의 문제가 생기기 때문이다.

북유럽 코모도 콘솔은 보면 볼수록 '참하다'라는 말이 절로 나온다. 그래서인지 밋밋하거나 허전한 공간 어디에 갖다 놓아도 분위기를 확 바꿔 주는 힘이 있다. 코모도 콘솔은 어느 공간에 놓아도 그곳의 격조를 한 단계 높여 준다.

북유럽에서 이 가구들을 처음 만났을 때, 절로 감탄사가 나왔다. 실용성에 주안점을 둔 심플한 가구들만 주로 보다가 섬세하고 러블리한 상감 무늬목과 럭셔리한 오믈루 등으로 치장한 멋스러움이 눈길을 사로잡았다. 어떤 숙련된 장인들이 나무의 표면을 얇은 무늬목으로 이리 아름답게 그림을 그려 놓았을까?

    컨테이너에 적재 작업을 할 때에도 이 가구들은 맨 아래 자리를 차지한

다. 이 아이들을 조심스럽게 놓고 그 위에 의자며 가벼운 가구들을 켜켜이 올려 쌓는다. 그만큼 내구성이 강하고 하중을 버티는 힘이 강하다. 쉽게 말해, 이 아이들은 너무나 아름답고도 짱짱한 녀석들이다.

브라스 소재의 오물루가 아름다운 콘솔
브라스(구리와 아연의 합금, 황동) 소재의 오물루가 매우 화려한 코모드 콘솔. 대리석 아래 가구 상단은 하늘의 구름인 듯하고, 아래에 볼록한 곳은 소녀의 머리를 동여맨 듯 예쁜 리본 모양으로 장식했다. 가구의 프레임 측면을 감싼 오물루도 장인의 예술적 감성을 느끼게 한다.

배물뉵이 곡선이 아름다운 코모도 콘솔
무광의 콘솔은 덤덤하고 담백한 맛이 있는 반면, 바니스Varnish를 칠한 유광 가구는 그만큼 화려하다. 잠금장치가 있어 서랍에는 아끼는 물품들을 넣어 두기 좋다.

상감 처리된 문양들

각각의 콘솔이 주는 감상 포인트의 핵심은 아무래도 상감 처리된 문양이다. 아래의 콘솔에는 열정의 욕망을 가진 큐피드로 보이는 인물이 장식되어 있다. 왼쪽 옆구리에 화살통이 있는데, 정작 손에 든 것은 활이 아니라 피리이다. 아주 흥미로운 상상을 유발한다.

한 송이 꽃처럼 수수한 콘솔
세월과 함께 가구의 색감도 고풍스럽게 변했다. 석양이 물든 호숫가에 혼자 자리 잡은 듯, 꽃 한 송이가 애처롭다. 코모도 콘솔은 예쁜 소품들을 디스플레이하기에 좋고, 이야기가 있는 유화 한 점을 함께 올려놓아도 멋스럽다.

북유럽 특유의 환경이 탄생시킨
소가구와 소품들

겨울왕국으로 불리는 북유럽의 독특한 환경은
역설적으로 다양하고 아기자기한 디자인 개발의 자양분이 되었다.
추운 겨울의 혹독함은 오히려 사람들로 하여금
실내가 편한 안식처가 될 수 있도록 다양한 인테리어 소품들과
도구들을 개발하게 독려한 것이다.

실내 생활 중 가장 많이 사용하는 가구는 의자이다.
북유럽 가구를 수집하면서 '이렇게 다양한 의자가 있구나!' 하고 감탄하기도 하고,
미처 생각하지 못했던 색다른 디자인의 의자를 또 만나게 될 것이라는
설렘이 항상 있다.

실내 구석구석을 예쁘게 만드는 작은 소가구들을 만날 때마다
환호를 멈출 수 없다.
이런 아기자기한 가구들은 공간을 더 여유롭게 만들어 주는 묘미가 있다.
소가구 중에는 가죽을 입힌 테이블이 특히 매력적이다.
추운 환경에서 나무와 가죽보다 더 따뜻한 소재를 구하기는 어려웠을 것이다.

테이블 위를 부드럽게 덮은 가죽은
나무와 자연스럽게 어울리는 브라운이나 와인색으로,
때론 따뜻한 봄날을 기다리는 마음을 담은 초록으로 과감하게 염색하여
북유럽만의 따뜻한 감성이 있는 가구를 만들었다.

농경 사회에서 우리 선조들이 추운 겨울, 따뜻한 아랫목에서
대나무로 삼태기, 복조리, 빗자루 등 생활용품을 만들고
짚으로 짚신을 짓고 새끼를 꼬고 지붕 이엉을 만들며 소일했던 것처럼
북유럽에서는 자작나무와 밀짚을 이용해 생활 소품들을 만들었다.

그중에는 달라호스처럼 짙은 색감이 있는 것도 있지만,
대부분은 소박하고 투박하다.
그러나, 그 투박함 속에는 그들의 문화와 정서가 고스란히 담겨 있어
볼 때마다 빨간 화롯불을 쬐는 것처럼 따뜻함이 느껴진다.

햇빛이 그리운 북유럽의 겨울, 빛은 관리의 대상이다.
어둠을 밝히는 기능 이외에, 아늑하고 편안한 분위기 연출이 필요하다.
때론 할아버지 때부터 쓰던 촛대에 전선을 연결하고
크리스털을 달아 펜던트를 완성하면,
부드러운 백열등이 크리스털을 통해 퍼지며
공간을 반짝반짝 로맨틱하게 만들어 주었다.

나는 개인적으로, 맑은 아침 햇살이 창가에 걸린 크리스털 펜던트 조명을 통해
거실 구석구석까지 작은 무지개를 흩뿌릴 때의 감동을 잊을 수 없다.

스웨덴은 철강석과 구리 등 천연자원이 풍부한 나라이다.
그래서 자연스레 메탈 소재의 주방 소품과 커틀러리 등이 발달하였다.
솜씨 좋은 장인이 혼과 정성을 담은 물건들은
어떤 미술품과 견주어도 손색이 없다.

개인적으로 실버 제품에 욕심이 많아 현지에서 수집할 때
유독 더 많은 시간을 들이게 된다.
실버 제품에는 전형적인 디자인과 세공법이 있고,
섬세한 세공은 여간 숙련되지 않고는 쉽게 따라 할 수 없기에
간혹 만나게 되는 독특하고 창의적인 디자인의 제품들은
그야말로 행운이라 여겨진다.

북유럽의 디자인에 관심이 있다면, 글라스는 상식의 영역에 속한다.
굳이 세계에서 가장 뛰어나다고 하는 오레포스와 코스타보다를
논하지 않더라도 그 작품들의 독창성은 상상을 초월한다.

그냥 '아름답다'고만 표현하기에는 미안한 마음이 들 정도이다.
이 책을 통해 북유럽 글라스의 세계를 소개하게 되어 기쁘게 생각한다.

북유럽 여자들의 손은 동양 남자인 내 기준으로 볼 때 참 크고 거칠다.
그런데 그런 손에서 어쩜 그렇게 섬세하게 바느질한
니들포인트 자수천이 나올 수 있는지 볼수록
아이러니하다.

뽀얀 천에 수줍게 놓인 자수들을 보면 절로 설렘이 밀려온다.
한 번 빠지면 헤어나오기 힘든 세계이다.
그 고운 자수천을 손님이 오면 기꺼이 식탁에 펼친 후 음식을 올린다.
손님인 나는 혹시나 커피나 음식을 흘려 빨랫감만 늘릴까 걱정이 앞선다.
하지만 그 수고를 기꺼이 감수하며 손님을 대접하는 정성이
곧바로 감동으로 다가온다.

북유럽의 의자와 소가구

'북유럽 사람들은 첫 월급으로 의자를 산다.'

우리는 첫 월급을 받으면 부모님 내복을 산다고 하는데, 북유럽 사람들은 첫 월급으로 의자를 산다는 말이 있다. 그만큼 북유럽 사람에게 의자는 특별한 의미가 있다.

북유럽의 젊은이들은 보통 18세에 집을 나와 독립생활을 하는데, 경제적으로도 부모로부터 독립한다. 대학에 입학하면 이자가 거의 없는 대출을 받아 집을 얻거나 비교적 저렴한 기숙사 생활을 시작한다. 대학생이지만 매월 우리 돈 60만 원 정도의 생활 보조금을 받는다. 학비가 없는 북유럽에서는 이 생활 보조금과 파트타임 아르바이트만으로 생활하며 이 대학 저 대학을 전전하는 '직업 학생'도 있다는 우스갯소리도 있다. 아무튼 이들 젊은이들도 자신만의 안락한 쉼터를 갖고자 하는 열망은 크다. 그도 그럴 것이 1년 중 절반인 긴 겨울을 실내에서 보내려면 편하고 안락한 공간이 꼭 필요하기 때문이다. 그래서 그들은 자기만을 위한 공간에 기꺼이 적지 않은 돈과 수고를 아끼지 않는다.

의자와 가구를 만드는 디자이너와 장인들도 사람들의 이러한 필요를 알고 있었을 것이다. 더 깊이 궁리하여, 실용적이고 아름다운 가구를 만들기 위해 심혈을 기울였고 그 결과 세계 최고 수준의 가구가 바로 북유럽에서 제작된 것이다.

의자는 커다란 무중력 흔들의자, 등받이가 없이 안장만 있는 조그만 스툴Stool, 팔걸이의자인 암체어Armchair, 그리고 편안한 안락의자 등 효용에 따라 구분하기도 한다. 등받이 형태에 따라서는 치펜데일Chippendale, 사다리, 벌

룬백Baloon-back 등으로 구분하기도 하는 등, 정말 다양한 형태와 쓰임새를 가진 필수 생활용품이다.

북유럽에서는 20세기에 들어 디자인의 거장이라고 하는 아르네 야콥센 Arne Jacobsen, 핀 율Finn Juhl, 한스 베그너Hans J. Wegner 등이 디자인의 꽃을 피웠다. 북유럽 가구는 무엇보다 기능성을 최우선으로 두고, 섬세하게 작업하되 너무 화려하진 않다.

정성스럽게 잘 만들어진 오래된 가구는 장인의 손길을 느낄 수 있을 뿐만 아니라, 정든 친구와 대화하는 것처럼 편안하게 느껴진다. 로즈말링 Rosemaling (북유럽의 가구, 목제, 식기 등에 새겨진 서민풍의 꽃무늬 그림) 기법으로 그려진 가구는 이국적이고 상큼한 분위기를 느낄 수 있다.

나는 스웨덴을 방문할 때마다 린도메Lindome라는 작은 도시에 있는 앤티크 숍에 들러 다양한 생김새의 의자들과 테이블 등을 구입한다. 이곳은 한때 북유럽에서 제법 유명한 소가구 전문 수공업 단지였기에 제대로 된 북유럽 가구를 만날 수 있기 때문이다.

볕이 좋은 선선한 가을날, 야콥센이 디자인한 에그 체어Egg chair에 앉아 책을 읽거나 단잠에 빠져드는 내 모습을 그려 보는 것만으로도 행복해진다.

권위와 격을 상징하기도 하는 의자
이 의자는 팔걸이부터 다리로 이어지는 미끈하고 세련된 라인과 등받이가 격조 높다. 등받이는 18세기 말에 유행했던 '헤플화이트Happlewhite 방패' 형식의 변형으로 보인다. 곱게 나이든 노숙녀에게 어울릴 만한, 품위 있는 의자이다.

뵈르게 모겐센Børge Mogensen의 J39 의자이다. 군더더기 없는 자작나무 베이지 톤의 깔끔한 스타일이다. 좌판은 페이퍼 코드 방식으로 수작업한 것이다. 컨테이너에 선적할 때 조심히 다뤘음에도 좌판이 눌려서 매우 속상했는데, 신기하게도 한두 달이 지나자 스스로 복원되었다. 개인적으로 가장 아끼는 의자 중 하나이다.

19세기 말에 제작된 것으로 추정되는 스프링 흔들의자Spring rocking chair이다. 밀도 높은 원목과 더불어 하부의 스윙을 컨트롤하는 스프링의 강성과 탄성의 조화가 필요하고, 또한 오랜 세월을 견딜 만한 내구성이 필요하다. 와인색 플라워 벨벳 패브릭이 '딱 맞아떨어진다'라고 할 만큼 잘 어울린다.

높이 70cm 정도의 트라이포드Tripod 테이블 마호가니 원목에 작은 사이즈여서 옮기기 쉽고 어디에나 무난하게 어울린다. 상판 테두리 라인이 멋스러워 아파트 베란다에 두고 부부 티테이블로 사용해도 좋겠다.

타일 상판 네스팅 테이블 Nesting table
좁은 공간에서 효율적으로 사용할 수 있는 테이블이다. 작은 사이즈의 테이블은 병아리가 어미의 품속에 쏙 들어가듯, 좀 더 큰 사이즈의 테이블에 넣을 수 있다. 상판에는 아름다운 타일이 깔려 있다. 가벼워 옮기기 쉽고 좁은 공간에서도 다양하게 활용할 수 있다.

소잉 테이블 Sewing table
북유럽 전통 로즈말링의 붓터치가 화려한 소잉 테이블로 용도는 테이블형 반짇고리함이다. 현지에서 수집하다 보면 소잉 테이블 안에 바늘과 실, 단추, 자수 도면까지 그대로 수납된 것도 만날 수 있어 흥미롭다.

가죽을 입힌 테이블

스웨덴 앤티크 숍에서 상판에 가죽이 입혀진 테이블을 처음 만났을 때 한참 동안 시선을 뗄 수 없었다. 서로 다른 소재가 잘 어우러져 있는 물건들이 신선하게 다가왔는데, 단단한 나무 소재의 가구에 천연 염색한 무크나 양가죽을 덧입혀, 따뜻함과 미적인 요소를 더한 것이 내 눈에는 너무 보기 좋았던 것이다. 가죽이 의자의 안장 커버 정도로만 쓰이던 것만 봐 왔던 나는 테이블 상판을 덮은 가죽을 몇 번이고 쓰다듬으며 부드러운 촉감을 만끽했다.

가죽은 내구성이 뛰어나고 시간이 지날수록 조금씩 변색해 가는데, 세월의 흔적을 고스란히 간직한 가죽은 색다른 느낌을 선사한다. 다양한 색으로 염색한 가죽에는 특유의 무늬나 꽃장식 등을 그려 넣어 무채색의 가죽은 어느새 캔버스로 변하기도 한다.

가죽은 인류 문명과 함께해 온 아주 오래된 소재임에도, 여전히 고급스런 소재로 쓰이고 있다. 오래 써도, 오래 봐도 질리지 않는 가죽을 입힌 가구는, 넉넉하고 포근한 '외할머니 감성'의 가구라는 생각이 든다.

버터플라이형 가죽 테이블

양쪽 사이드를 필요에 따라 확장할 수 있는 테이블이다. 진한 브라운 계열의 우드와 볼륨감 있게 포인트를 살린 부드러운 양가죽이 이질적이지 않고 자연스럽다. 다리는 안정적이고 유니크함과 럭셔리함을 겸비했다.

라운드형 가죽 테이블

원통형 상판 양쪽엔 둥근 서랍을 내장하여 티 테이블로 사용 시 냅킨과 티스푼 등을 수납할 수 있어 매우 기능적이다. 세 개의 다리 끝에는 브론즈 소재의 편자를 끼워 넣어 기능적이면서 장식미가 도드라진다. 또한 북유럽 가구들이 그렇듯, 나무와 가죽 그리고 메탈이라는 소재가 서로 어우러져 만들어졌음에도 색조와 형태가 과하지 않고 간결하다.

달라호스와 수공예 제품

요즘처럼 기계화되기 전, 우리나라에서 논밭을 갈고 무거운 곡물을 나르는 등 힘든 일은 소의 몫이었다. 요즘처럼 반려동물이라는 개념이 일반화되기 전에도 소는 한 가정의 식구나 마찬가지로 친근한 존재였다. 북유럽에서는 말이 소의 역할을 대신했는데, 우리가 잘 아는 경주마나 조랑말이 아니라 몸집이 아주 크고 다리에 긴 털이 난 힘센 말들을 이용하였다.

우리 선조들은 겨울 동안 대나무, 억새, 지푸라기 등을 이용하여 소쿠리, 바구니, 조리, 짚신, 빗자루 등 수많은 생활용품을 만들어서 요긴하게 사용하였다. 1년의 절반인 6개월 동안을 집 안에서 보내야 하는 북유럽 사람들에게도 겨울은 휴식의 시간이자 필요한 물건들을 만드는 시간이었다.

여자들은 주로 뜨개질이나 수를 놓았고, 남자들은 자작나무 등으로 수많은 기구나 생활용품들을 만들어 썼다. 북유럽의 대표적인 나무로는 전나무, 자작나무, 참나무, 소나무가 있는데, 자작나무와 참나무는 나무 성질이 단단해서 가구를 만들었다. 그리고 소나무나 전나무는 질감이 부드러워 조각품을 만들기에 적당해서 섬세한 작업이 필요한 물건을 만드는 데 주로 활용하였다.

어른들은 긴긴 겨울을 보낼 아이들을 위해 특별한 선물을 만들기도 했는데, 그중 하나가 달라호스이다. 달라호스는 원래 '달라나 지방의 말'이라는 뜻이다. 역사는 약 400여 년 전으로 거슬러 올라간다고 한다. 길고 긴 겨울밤, 아버지들은 아이들을 위해 나무를 깎아 말 모양의 목각 인형을 만들고 붉은색 물감을 칠해 아이들 머리맡에 놓아두곤 하였다. 장난감이 별로 없던 시절, 아이들은 그 목각 인형으로 겨울을 나는 것이다.

언제부터인가 달라호스에는 로즈말링 기법으로 화려하게 그림이 들어가기 시작하였다. 나는 이러한 채색을 '스웨디시 붓터치'라고 부르는데, 매우 자연스러우면서도 화려하다.

생각해 보면, 볼거리가 변변찮던 어린 시절 화려한 꽃무늬나 기하학적으로 반복된 벽지를 보면서 참 예쁘다는 생각을 하고, 크레파스로 비슷한 무늬를 그리면서 놀았던 기억이 있다. 모든 것이 말라버린 황폐한 겨울에 화려한 달라호스를 선물로 받은 스웨덴 아이들의 마음은 얼마나 행복했을까 싶다.

오늘날 달라호스는 아이들의 장난감이나 집 안을 꾸미는 소품을 뛰어넘어 북유럽, 아니 전 세계적인 디자인 모티브 역할을 하고 있다. 의류부터 도자기, 조명 등 실내 인테리어 용품과 각종 생활용품 등에 다양하게 쓰이는 것이다. 달라호스를 가장 아끼는 스웨덴에서는, 공항이며 공공 기관의 벽면 등을 달라호스로 장식해 사람들의 이목을 사로잡기도 한다.

아버지의 사랑이 그리운 날엔, 달라호스 머그잔에 따스한 커피를 담아 옛 추억을 떠올리고 싶다.

달라나 지방에서 가장 전통 있는 수공예 브랜드는 닐스 올슨Nils Olsson이다. 아이들이 오래도록 장난감으로 가지고 놀아 색이 바랜 것도 있고, 각진 귀 부분이 깨지고 페인트가 벗겨진 것도 있다. 애정이 많은 수집가들은 세월의 풍랑을 맞아 조금은 어설퍼 보이는 아이들을 오히려 더 선호한다.

브론즈(청동) 소재의 케이크틀
북유럽 사람들에게 '행운의 상징'으로 여겨지는 달라호스는 다양한 종류의 생활용품 속에서 디자인 모티브가 되었다.

서빙볼
스웨덴의 디자인 명가 사가폼Sagaform에서 출시한 서빙볼이다. 유니크한 디자인으로 시선을 사로잡는다. 쿠키볼 등으로 사용 가능하고 디스플레이용으로도 손색이 없어 '역시 사가폼이다.'라고 할 만하다.

장식 소품
현관문에 걸어두는 메탈 주물 장식 소품이다. 스웨덴어 벨코멘Välkommen은 Welcome을 의미한다.

빨간 달라호스가 예쁘게 장식된 머그컵

북유럽 4개 국가의 국기(스웨덴, 덴마크, 노르웨이, 핀란드: 모두 십자가 모양) 색에서 착안하여 빨강, 노랑, 파랑 등으로 만들어졌다. 오른쪽 사진에는 하드보드 재질의 티코스터가 있다. Dalahorse is a symbol of good luck!

자작나무 캔들 홀더 Candle holder

1960년대 스웨덴 보로스 지역에서 생산된 캔들 홀더이다. 소녀들이 입고 있는 전통 의상의 색감과 디테일이 섬세하고, 전체적인 균형감도 뛰어난 작품이다.

나무로 만든 용기들
위 사진은 자작나무로 만든 용기들이다. 원목을 파내는 방식으로 만든 것도 있고, 기다란 나무 편을 만들어 이어 붙인 후 나무의 뿌리껍질로 둘레를 묶은 것도 있다. 국내 소비자들은 소금이나 설탕을 넣어 두고 쓰기 좋다고 한다. 맨 오른쪽 촛대는 나뭇결과 색감으로 보아 소나무 재질 같다. 부드러운 나무 재질을 살려 섬세하게 제작되어, 따뜻하고 아름답다. 아래 사진은 치즈 커팅 보드이다. 타일과 부드럽고 완만한 라인의 스테인리스 용기, 티크 손잡이 커틀러리가 아주 고급스럽게 잘 매치되었다.

목각 인형과 그라인더 Grinder
골프를 치는 할아버지 목각 인형이 흥미롭다. 심각한 표정으로 봐서는 굿샷을 날린 것은 아닌 것 같다. 사진 가운데에 손잡이가 달린 물건은 후추 그라인더이고, 왼쪽은 1900년대 초에 제작된 커피 그라인더이다. 오래된 물건들은 좀 투박한 듯 보여도 해묵은 손때에서 묻어나는 여운이 있다. 만든 사람의 정성과 오래도록 아끼면서 사용한 사람의 체온이 느껴지는 듯하다.

미니 화장대
여자아이들의 소꿉장난용으로 만든 미니 화장대이다. 나무 표면에 새긴 조각이 매우 섬세하다. 사랑하는 손녀가 기뻐할 것을 생각하며 어떤 할아버지가 정성껏 만들었을 것만 같다.

북유럽 조명

북유럽 사람들에게 빛과 조명은 특별한 의미가 있다. 영국의 시인이자 극작가인 존 게이John Gay는 '그림자는 빛으로부터 탄생한다.'라고 하였지만, 그 반대로, 빛이 그림자로부터 탄생하기도 한다. 북유럽은 밤이 길다. 그래서인지 세계적인 명성을 지닌 많은 조명 디자인이 북유럽에서 나왔다.

19세기 초반, 양초의 재료가 되는 파라핀과 등유 램프가 등장하기 전까지 북유럽의 조명은 화롯불에 의존하였다. 벽난로의 장작불이 실내 난방과 더불어 조명의 역할까지 한 것이다. 울창한 스칸디나비아의 숲에서 좋은 땔감을 필요한 만큼 구하는 것은 어려운 일이 아니었다.

스칸디나비아의 여름은 짧지만 아주 역동적이다. 스웨덴의 스톡홀름, 핀란드의 헬싱키, 노르웨이의 오슬로는 모두 북위 60도쯤에 위치한다. 6월 중순 하지 무렵, 오전 2시면 해가 뜨고 일몰 시각은 오후 10시경이다. 그나마 4시간의 짧은 밤 동안에도 깜깜한 밤이 아니라, 어둑어둑한 빛이 머물러 야외에서 가까운 물체의 형상을 구분할 수 있을 정도의 백야白夜이다. 북위 61도 이상에서는 황혼과 새벽은 있지만 밤은 전혀 없다. 노르웨이의 트롬쇠Tromsø나 스웨덴의 키루나Kiruna 같은 도시는 5월 말부터 7월 중순까지 24시간 태양이 빛을 발한다. 20세기 초중반까지만 해도 6~7월에는 스톡홀름과 같은 큰 도시에서조차 가로등을 선혀 켜지 않았다고 한다.

백야의 여름과 달리, 북유럽의 겨울은 칠흑같이 어두운 밤이 6개월 동안이나 계속된다. 자연스레 실내에 머무는 시간이 많은 북유럽 사람들은 19세기 말경 가정용 전기와 필라멘트 조명이 도입되면서 전기 조명에 많은 관심을 기울이게 되었다. 조명 기구에는 브론즈Bronze (구리와 주석의 합금)와 브라스Brass (구리와 아연의 합금) 등 메탈 소재와 글라스와 크리스털 등 다양한 재료를 활용하여 아름다움을 더했다. 아름다움을 추구하되 군더더기 없는 심플함과 실용성을 더해 예술미를 완성했다.

조명이 실내 인테리어에서 차지하는 비중이 매우 크다는 것은 두말할 나위가 없다. 조명 하나만으로도 실내 분위기를 압도할 수 있다. 우리나라 사람들은 직접 조명에 익숙한데, 사물을 더 돋보이게 하는 것은 간접 조명이라고 한다. 콘솔, 장식장, 화장대 등 가구나 창문, 그림 등 각종 소품에 스탠드 램프의 빛을 더하면 아주 근사한 공간이 연출된다.

언젠가 스웨덴 친구가 "한국 사람들은 왜 집 안을 수술실처럼 밝게 하고 사느냐?"라고 물어본 적이 있다. 그러고 보니 우리 집은 어디나 머리카락 숫자까지 셀 수 있을 정도로 밝고 똑같은 조명뿐이었다. 긴장을 풀고 편안한 휴식을 원한다면 실내를 좀 어둡게 하고 램프를 켜면 좋다. 처음엔 좀 답답할지 몰라도 곧 적응하고 나면 밖에서의 긴장과 스트레스가 누그러지고, 때로는 예쁜 카페에 앉아 있는 듯한 편안함도 느낄 수 있다.

식탁 위에도 화사한 조명 하나를 달아 보시라. 식탁 상판에서 70cm 내외 높이에 예쁜 등을 달아 놓으면, 음식이 훨씬 예뻐 보이고 분위기도 근사하다.

18세기 중후반에 제작된 구스타비안 스타일Gustavian Style 또는 엠파이어Empire로 불리는, 황실에서 사용했을 것으로 추정되는 매우 화려한 캔들 샹들리에이다. 촛불로 불을 밝히므로, 전선이나 전구 설비가 없다.

1900년대 후기 구스타비안 스타일의 샹들리에
우아하고 화려한 공간 연출을 위해 5구의 촛불만을 크리스털 안에 투영하여 은은한 빛의 프리즘을 사용하였다. 수많은 고드름 오너먼트Ornament들은 너무 요란하지 않은 북유럽 특유의 절제미가 있다. 이 시절 만들어진 캔들 샹들리에는 이제 전구 소켓들이 들어가 있어 훨씬 밝고 또렷한 크리스털 빛을 즐길 수 있다.

전구가 달린 구스타비안 스타일의 샹들리에이다. 서서히 붉게 물들어 가는 석양을 보는 듯한 감동이 있다. 심신을 안정시키는 아로마와 같은 편안한, 또는 신비한 빛의 조명을 원한다면, 이런 북유럽 샹들리에 조명을 추천한다.

럭셔리한 크리스털을 활용한 스웨덴의 조명은 20세기 중반까지 크게 유행하였으며, 현재는 앤티크 시장과 옥션에서 거래되는 주요 품목 중 하나이다. 천장이 높은 고급 저택에는 여전히 럭셔리한 크리스털 샹들리에가 빠지지 않는다.

황동 재질의 기본 프레임 위에는 뛰어난 장인이 대롱 불기 방식으로 빚어낸 글라스를 얹고, 프레임 아래에는 화려한 도자기를 받쳐 우아하기 그지없다.

우드와 어우러진 브론즈 소재의 샹들리에이다.
레이스가 화려한 쉐이드Shade가 멋스럽다.

밀크글라스에서 뿜어 나오는 우윳빛 조명은
공간을 부드럽게 한다. 하부의 핑크빛 바디와
꽃잎 모양의 받침은 그야말로 귀여움의 끝장
을 보는 듯하다.

북유럽에서 식탁 위 조명으로 쓰이는 플라워 스테인드글라스이다. 취향에 따라 다양한 색상을 선택할 수 있다.

북유럽 메탈 소품

스웨덴은 자연환경뿐만 아니라 풍부한 지하자원을 보유한 나라이다. 천 년이 넘는 제철 산업은 유럽 전체 매장량의 92%를 차지할 정도이며, 최대 지하 광산 중 하나인 키루나 철광산 등을 통해 질 좋은 철을 생산하고 있다. 구리 등 다른 광물도 풍부하여 베르사유 궁전의 뾰족지붕을 덮은 구리판도 스웨덴산이 쓰였다고 한다. 구리 주산지인 팔룬 지역 구리 광산은 9세기경까지 거슬러 올라가는데, 전설에 의하면 한 목동이 자신이 기르던 염소가 풀을 뜯고 올 때마다 뿔이 빨간 것을 보고 구리를 발견했다고 한다.

풍부한 지하자원은 자연스레 멋스러운 메탈 산업용품과 생활용품 등으로 만들어졌고, 스웨덴은 '북유럽의 독일'로 불릴 만큼 탄탄한 제조업 기반을 갖추고 있다. 인류의 역사와 함께해 온 철은 다른 그 무엇과도 비교할 수 없는 강함을 갖추었을 뿐만 아니라, 불로 다스리고 망치로 두드리면 원하는 것은 무엇이든 만들 수 있는 장점이 있다.

구리와 주석의 합금인 청동(브론즈) 제품은 식기류부터 소품, 장식품에까지 매우 다양하다. 북유럽의 전통 주방에는 브론즈로 만든 각양각색의 빵틀이 벽에 걸려 있다. 현지인의 집에 방문했을 때 주방에서 빵틀을 한참 보고 있노라면, 어김없이 '할머니로부터 쓰던 것을 물려받았다.'고 말하는 사람들이 많다. 브론즈 빵틀은 섬세하고 단조 방식으로 만들어 볼수록 정감이 가는 물건들이다.

구리의 붉은 성질은 페인트의 안료로도 광범위하게 쓰였는데, 스웨덴의 전통 목조 주택의 지붕과 벽면을 온통 붉게 물들여 특유의 풍광을 만들어 낸 주인공이기도 하다.

철을 기반으로 한 도검은 과거부터 유럽에서 명품으로 인정받았는데, 오늘날에도 합금강의 질은 독일을 능가한다고 한다. 1935년에 설립된 미소노 Misono의 주방용 칼은 스웨덴에서 생산되는 양질의 합금강으로 만들어져 전 세계 주부들의 사랑을 받고 있다.

철을 비롯한 다양한 메탈로 만들어지는 촛대도 북유럽 소품에서 빠질 수 없다. 어둡고 긴 겨울을 나는 데 가장 필요한 것 중의 하나가 양초였기 때문이다. 그래서 북유럽 사람이라면 예쁜 촛대에 눈길이 갈 수밖에 없다. 촛대는 달리 말하면, 북유럽 실내 인테리어의 꽃이라고도 할 수 있다. 소재로는 가장 많은 것이 도자기류이고 그다음은 메탈이다. 샹들리에 방식으로 천장에 매달아 놓거나 벽에 걸어 놓는 것들이 많다.

겨울, 북유럽의 식당이나 카페에 가면 어김없이 양초가 켜져 있다. 실내를 비교적 어둡게 하고 조그만 티라이트 양초를 곳곳에 켜두어 어둡지만 아주 아늑한 온기를 전한다.

북유럽 사람들은 화장실, 창가, 식탁, 침대 옆 사이드 테이블 등 어디에나 초를 켠다. 그래서 북유럽 인테리어 소품 중에 캔들 홀더가 발달했다. 마트에서도 커다란 자루에 켜켜이 초를 쌓아 놓고 판다.

조금 어두운 불빛은 사람의 마음을 평안하게 하는 놀라운 힘이 있다. 비나 눈이 오는 밤이면 거실의 조명을 잠시 끄고 곳곳에 초를 한번 켜 보시라.

실버 촛대 Silver candlestick
바디 전체를 타고 흐르는 황홀한 라인을 가진 실버 촛대이다. 가치 있는 실버 촛대는 단순한 조명의 영역을 넘어, 문화와 예술적 가치를 지닌 것으로 여긴다. 19세기까지 귀족과 부유층에서 널리 사용했는데, 빛이 귀했던 북유럽에서 촛대는 가장 필요한 생필품 중 하나였다. 격식 있는 테이블 세팅 시, 고운 린넨 자수천을 깔고 식탁 중앙에 촛대를 놓으면 럭셔리한 분위기를 맘껏 낼 수 있다.

사각 캐서롤 Casserole
실버 플레이트 테이블웨어 전문업체인 영국 퀸앤Queen Anne사에서 만든 사각 캐서롤이다. 뚜껑과 바디 전체에 매우 아름답고 화려한 세공이 되어 있고, 손잡이마저 나무랄 데 없이 정교하다. 속에 끼워진 용기는 오븐 요리에 용이하도록 내열 유리로 제작되었다. 감자와 고기, 채소를 잔뜩 넣고 치즈로 맛을 더한 스웨디시 그라탱Swedish gratin을 요리하고 싶어진다.

스웨덴에서는 17~19세기에 도시 수공업자들에 의해 많은 양의 구리 제품들이 생산되었다. 이 물건들은 하나하나 망치로 두들겨 단조로 만든 제품들이다. 시간이 지남에 따라 서서히 동녹Verdigris이 슬어가는 것도 자연스럽고 멋지다. 구리라는 광물이 흔했던 스웨덴에서 구리를 이용한 물건들은 어쩌면 가장 북유럽스런 감성이라고도 할 수 있다. 유니크한 색감과 고풍스런 느낌으로 인테리어와 디스플레이의 포인트로 활용할 수 있다.

기능에 충실한 선과 곡면이 간결하다. 뚜껑 꼭지는 황동으로 처리하고, 몸체는 청동으로 만든 주전자이다. 옆면에는 꽃잎을 기하학적으로 표현하여 에칭해 넣었다. 제작된 지 100여 년이 다 되어 감에도 외형에 큰 변화가 없고, 동 세척제로 닦으면 새것처럼 반짝반짝하다. 잘 관리하면 자손 대대로 사용할 수 있는 내구성이 큰 장점이다.

스웨덴에서 생산된 다양한 크기의 베이킹 틀
아무래도 열전도율이 좋은 동 제품이 맛있는 빵과 케이크를 만들 때 제격이지 않았을까 싶다. 북유럽 가정 주방 벽에는 할머니로부터 물려받은, 동녹이 잔뜩 슬어 까맣게 변색된 빵틀들이 장식되어 있다. 크기가 제각각이고 돌출된 문양도 재미있어 유심히 들여다보게 된다.

주석 Sn, Tin, Pewter 제품

와인 잔이 매끈하고 우아하다. 주석은 인체에 이롭고, 특히 최근 연구에 의하면 항암 효과까지 있다고 하여 많은 사람들이 선호하고 찾는다. 「동의보감」에도 약의 독을 다스렸다는 기록이 있다. 레오나르도 다빈치가 그린 '최후의 만찬'에 쓰인 그릇들도 주석 제품이라고 한다. 서양에서는 주석을 빗대어 '빈자의 은'이라고 하였다. 귀족들이 귀한 은을 사용했다면 그보다 낮은 신분의 사람들은 주석 소재의 용기를 많이 썼기 때문이다. 주석 제품은 강도를 높이기 위해 납을 섞는 경우가 많았는데, 그런 제품은 몸에 이로울 리가 없다. 하지만 북유럽 주석 용기는 손으로 누르면 찌그러질 정도로 주석 순도가 매우 높아 안전하다. 캠핑 중 알게 된 사실이데, 순도가 높은 주석 그릇들은 일반 장작불에도 쉽게 녹고 타 버린다. 시원하게 맥주나 음료를 마시고 싶다면, 특히 주석 잔을 강추한다. 열전도율이 낮아 차가운 것을 더 차갑게 마실 수 있는 '마법의 잔'이 바로 주석 잔이다.

장미꽃이 예쁘게 세공된 손잡이가 돋보이는 시원한 실버 슈거볼로, 두툼하고 묵직하다. 은 합금으로 함량이 높아 실버 스털링과 구분이 쉽지 않다. 실용적이면서도 격조 높은 예술적 가치까지 있는 물건이다.

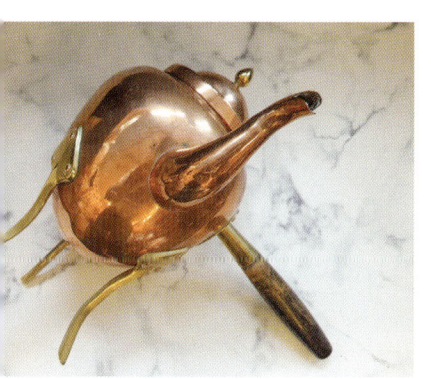

한 손 손잡이가 달린 주전자이다. 손잡이는 원통형에 우드 처리를 하여 본체의 온도와 관계없이 잡기 좋다. 삼발이와 손잡이 바디 틀은 황동으로 처리되었다. 전체적으로 친환경 소재에, 우아한 디자인이다. 고체 연료 버너 등을 아래에 놓아 오래도록 온기를 유지하면서 음료를 즐길 수 있다.

스웨덴의 글라스와 크리스털

유리나 크리스털 제품에 햇빛이나 조명을 비춰 보면 방향과 강도에 따라 변하는 색감을 느낄 수 있다. 색이란 참 신비롭다. 하늘은 하얀 구름과 대비되는 파란색이고, 과일들과 음식들은 그 맛과 어울리는 특유의 색을 갖고 있다. 꽃들은 또 어떠한가? 어쩌면 우리의 생각과 느낌, 감정까지도 색에 의해 좌우된다고 해도 과언은 아닐 것이다.

그런 면에서 무채색의 유리는 신비로운 재료임이 틀림없다. 오늘날처럼 투명한 유리가 제조된 것은 기원전 2000년경까지 거슬러 올라간다. 13~15세기 무렵 유럽에서 꽃을 피운 유리 공예는 18세기에 이르러 스웨덴에서 새롭게 거듭났다.

오늘날 스웨덴에서 유리 산업의 중심지는 남부 지역의 소도시 스몰란드이다. 이 지역은 유리를 만드는 데 필요한 땔감과 모래, 저렴한 노동력 등이 풍부하여 유리 제조 공정에 안성맞춤이었다. 스웨덴 글라스의 고향인 스몰란드는 '유리 왕국'으로 불린다. 500여 년의 유리 공예 역사를 간직한 이곳에서는 지금도 수많은 장인이 무채색의 유리에 특유의 색감과 예술적 영감을 불어넣는 작업을 하고 있다.

수많은 회사가 만들어지고 사려졌지만, 리마레드Limmared (1740년 설립), 코스타보다Kosta Boda (1742년 설립), 오레포스Orrefors (1898년 설립) 등은 오늘날까지도 세계인의 많은 사랑을 받고 있다.

스웨덴 유리 제품의 특징은 특유의 심플함과 색감, 그리고 질감이다. 잘 만들어진 유리 제품은 표면을 만져 보면 쭈욱 미끌리지 않고 손에 착 달라붙는 편안한 느낌이 난다. 대롱불기로 형태를 잡고, 때론 녹여 낸 재료로 디테일을 살려 가며 붙이고 늘여 낸다. 다양한 색의 조화는 정갈하기도 하고, 때론 어두운 밤하늘의 불꽃놀이를 연상시키기도 한다. 북유럽 제품은 미적인 요소에 앞서 기능성과 실용성이 먼저다. 사용하기 편하면서도 미적인 요소를 놓치지 않는 절묘한 디자인이 있다. 이러한 물건들은 자연스레 오래 사용해도 질리지 않는다.

크리스털은 내구성, 선명도 등을 위해 유리 원료에 산화납, 아연, 바륨 등을 넣는데, 이런 공정을 거치면 유리에 비해 훨씬 무겁고 단단하며 빛의 굴절률이 높아 영롱한 무지갯빛을 만들어 낸다. 허술하게 만든 크리스털 제품에서는 중금속인 납이 검출될 수도 있다고 한다. 스몰란드에서 생산한 크리스털 제품이 세계인의 사랑을 받는 데에는 인체에 무해하고 아름다운 제품이라는 신뢰가 저변에 깔려 있다.

대롱불기 기법으로 만든 글라스들

핸드메이드의 장점은 '오래 보아도 질리지 않는다. 볼수록 사랑스럽다. 내가 사랑하는 바로 너처럼'이다. 유리 장인들이 전통 방식으로 만들어 낸 글라스에는 장인의 정성이 담겨 있다. 좋은 제품일수록 빛에 민감하다. 자연 빛에 둘 때와 색과 밝기가 다른 조명 밑에 둘 때, 신기하게도 색의 농담이 변한다. 글라스 두 개를 맞부딪치면 어려서 듣던 시골 교회의 종소리 같은 깊고 청량한 울림이 난다.

오레포스의 아이스볼 캔들 홀더

코스타보다의 선플라워 캔들 홀더

아이스볼 캔들 홀더는 질감이 정말 얼음 같다. 멀리서 보면 얼음 한 덩어리를 탁자 위에 떡하니 올려놓은 듯하다. 그 안에 티라이트를 넣고 불을 켰을 때 투과되는 빛은 수공예Craft와 예술Ärt의 영역이 다르지 않다는 감탄이 절로 나온다.

코스타보다의 선플라워 캔들 홀더의 해바라기 꽃송이에서 나오는 빛의 춤사위를 보면, 아이들과 오로라 빛에 취해 북유럽을 여행하던 날의 감상에 젖는다. 비 오는 날 또는 어둑어둑 빛이 저물 때 캔들 홀더에서 새어 나오는 빛의 감동은 여느 캠핑 때의 불멍에도 뒤지지 않는다.

크리스털 커플 새
스몰란드에서 생산된 커플 새이다. 묵직한 크리스털로 깃털이 있는 새를 사실적으로 표현했다. 서로 바라보는 한 쌍의 새가 더없이 사랑스럽다.

크리스털 바스켓
높이 20cm 정도의 아담한 크기이다. 다양한 질감과 형태 표현이 가능한 융합과 몰드Fused & Molded Glass 기법을 활용했다. 산뜻한 날에 좋은 가방을 들고 소풍 가듯이 이 바스켓을 들고 싶은 충동이 생긴다.

유리 공예에서 유리 표면을 깎아 내 모양을 만드는 에칭의 중요성은 매우 크다. 솜씨 좋은 장인들은 표면을 매우 섬세하게 깎아 내 이처럼 아름다운 글라스를 만들어 낸다. 하나하나 상당한 시간과 정성이 필요하다. 에칭된 무광 표면을 통해 흐르는 빛의 굴절과 그림자는 감상의 또 다른 포인트이다. 나는 오늘도 미술관에서 그림을 감상하듯 이 글라스에서 장인의 상상력을 유추하며 이야기를 만들고 있다.

에칭이나 조각과는 또 다른 느낌의
글라스 페인팅 Glass painting

유리를 캔버스나 도화지 삼아 작품을 창조하는 작업이다. 유리 안료나 에나멜 등으로 예쁘게 채색을 한 후 고온 소성하여 내구성을 극대화하였다. 글라스에 입혀진 색을 통해 감성을 일깨우는 묘한 매력의 세계로 한 번 빠져 보시라.

아주 고급진 글라스 오일 램프이다. 밀크색 밑바탕에 아래로 흐르듯 형형색색의 문양이 이채롭다. 앤티크 숍에서 이 램프를 발견했을 때 바로 새어 나오는 흐뭇한 미소를 참을 수 없었다. 볼수록 정이 간다. 가까이 놓고 있을수록, 보고 있어도 보고 싶은 '너'이다.

청량한 푸른빛 크리스털은 더욱 선명하여 호수의 나라인 스웨덴의 물빛이 연상된다. 이 제품들은 금으로 문양을 내는 골드 전사Gold transfer 처리를 하였다. 금을 전사지에 입혀 글라스에 붙인 후 고온으로 다시 구워 내는 기법이다. 푸른 유리에 황금빛을 얹어 더욱 정제된 화려함을 뽐낸다.

포도 문양이 있는 고블렛 Goblet
와인잔으로 더없이 매혹적이다. 다양한 형태와 무게감을 가진 와인잔은 천천히 보고 만져 보는 것만으로도 행복하다. 품격 있는 크리스털 잔에 담긴 와인은 더욱 빛이 나고 풍미를 더한다.

왼쪽은 목이 가늘고 길어 더욱 우아한 실루엣을 자랑하는 롱스템 Long stem 와인잔이다. 고급스러운 화이트 와인에 어울린다. 반면 오른쪽의 숏스템 Short stem 잔은 모던하고, 세척과 안정성 면에서 유리하다. 캐주얼한 디저트 와인잔 등으로 활용도가 높다.

실버 커틀러리 Silver Cutlery

누구나 한 번쯤은 멋지게 차려진 테이블 위에서 반짝반짝 빛을 발하는 실버 커틀러리에 시선을 뺏긴 적이 있을 것이다. 식탁에 무엇이 차려져 있든 상관없이, 정갈하고 세련된 실버웨어Silverware로 여유로운 식사를 하며 대화를 나누는 것은 생각만 해도 근사한 일이다.

실버 제품은 크게 스털링Sterling과 플레이티드Plated로 구분할 수 있다. 스털링은 보통 '순은'이라고 표현되지만, 실제로는 은 함유량이 85% 이상인 은 합금 제품을 말한다. 순수한 은으로 만든 제품은 너무 물러서 실생활에 식기구로 사용하기에는 적절하지 않아 다른 성분을 조금씩 섞어 쓴다. 만약 제품에 '925 Silver sterling'이라고 표기되어 있다면, 이는 은의 함량이 92.5%인 제품이다. 실버 스털링 제품은 그 자체로 소독 기능을 하고 미적으로도 뛰어날 뿐만 아니라, 금전적으로도 상당한 고가에 팔려 동서양을 막론하고 귀한 소장품이자 가족 대대로 대물림하는 물건이다.

우리는 사회적 신분을 얘기할 때 금수저니 흙수저니 하는데, 서양에서는 타고난 부자를 'born with a silver spoon in one's mouth'라고 한다. 금수저 대신 은수저라는 표현을 쓰는 것이 재미있다.

한편, 플레이티드 제품은 동이나 철 등의 소재에 은을 도금한 것이다. 오래 사용하다 보면 자연스럽게 도금된 은이 사용 빈도가 높은 부분부터 유실되는 경우가 많다. 동으로 된 플레이티드 제품의 경우, 은과 동의 자연스러운 색감의 조화로 멋스럽게 보일 때도 있지만, 품질이 낮은 철이나 스테인리스 제품 위에 은을 입히면 녹으로 인해 은이 들뜨는 경우가 있어 실사용을 어렵게 하기도 한다.

북유럽 빈티지나 앤티크 숍 또는 벼룩시장 등에서 뉘실베르Nysilver 제품을 자주 볼 수 있는데, 이것은 은과 주석 등 다른 양질의 금속을 합금한 것이나, 은의 함량은 스털링에 턱없이 미치지 못한다. 당연히 가격은 스털링보다 저렴하다. 그러나 반짝반짝 닦아 놓으면 언뜻 보기에 바로 구분하기가 어렵다.

벼룩시장 등을 돌다 보면 실버 제품의 백마크를 열심히 확인하다 슬쩍 입가에 미소를 띠면서 서둘러 가격을 치르고 자리를 뜨는 수집가들을 목격할 때가 있다. 이때는 십중팔구 주인이 스털링인 줄 모르고 뉘실베르 가격에 싸게 팔아 뜻밖의 횡재를 하는 경우이다.

아는 만큼 보이는 것이 앤티크의 또 다른 묘미 아닌가.

실버 스털링 스푼
은세공이 가히 예술이라고 할 수 있다. 꽃과 꽃잎이 예쁘고, 생화에서 느낄 수 없는 진한 매력이 있다. 사용했을 때 앞뒤의 균형이 잘 맞아 전혀 불편감이 없다. 조형미와 더불어 기능성도 뛰어나다. 북유럽 물건은 나뭇잎, 물결, 동물 등 자연 모티브를 특징으로 한다. 자연은 생활과 예술의 원천이라는 것을 느낄 수 있는 멋진 은수저이다.

북유럽 일반 가정의 주방 서랍을 열어 보면 포크, 스푼, 나이프 등의 커틀러리가 깔끔하게 정돈된 것을 볼 수 있다. 그래서 서랍을 자꾸 열어 보고 싶은 충동이 든다. 은 제품은 주기적으로 닦았을 때 반짝반짝 빛나는 쾌감이 있다. 보통 가정에서 천에 치약을 묻혀 닦거나, 알루미늄 호일에 싸서 뜨거운 물에 담가 놓는 방법을 쓴다. 최근 내가 해 본 가장 좋은 꿀팁은, 끓는 물에 베이킹 소다를 풀고 그 속에 은 제품을 넣어 두는 것인데, 이렇게 하면 감쪽같이 은 때가 없어진다.

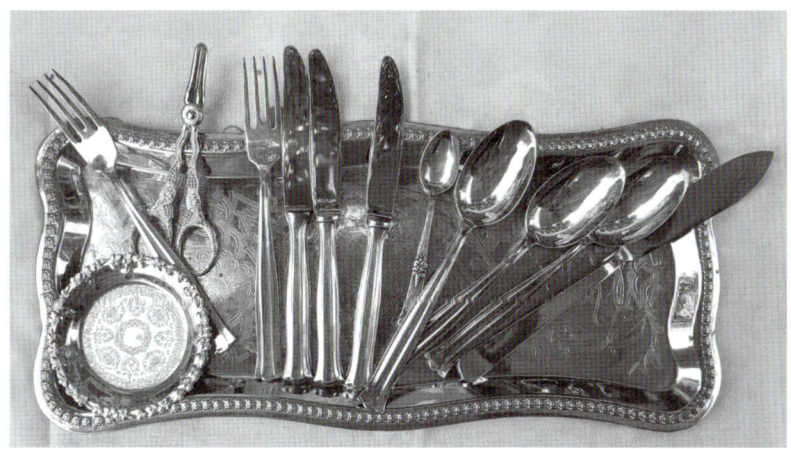

덴마크 실버의 명가 엔센Jensen의 실버 스털링 커틀러리
1915년 요한 로데Johan Rohde가 디자인하였다. 고급스런 패턴과 절제된 디자인이 특징이다.

식탁의 자존심, 커틀러리

누군가를 위한 정성스런 음식이 입에 들어오기까지 커틀러리는 중요한 역할을 한다. 요리를 좋아하는 사람들은 좋은 그릇과 럭셔리한 커틀러리를 사랑하지 않을 수 없다. '때론 같은 제품이라도 포장에 따라 재래시장에 가기도 하고, 백화점에 납품되기도 한다.'는 말이 있다. 커틀러리는 내가 만든 음식을 멋지게 포장해서 사랑하는 사람의 입에까지 전달할 수 있다는 행복을 느끼게 한다.

실버 집게

샐러드, 쿠키, 페이스트리 등을 담을 때 사용하는 집게이다. 손님을 초대한 파티에서 뷔페식으로 음식을 차릴 때 그 옆에 실버 집게를 놓으면 테이블 세팅의 품격이 한층 높아진다.

북유럽의 자수천

동양에서 온 키 작은 나는 북유럽 사람들이 남녀노소 누구나 매우 크게 느껴졌다. 이들은 키만 큰 것이 아니라 손도 크다. 남자뿐만 아니라 여자아이들도 어려서부터 축구를 하고 뛰어다니는 등 야외 활동을 많이 해서 힘이 정말 세다고 느껴졌다. 이사를 할 때 그 큰 가구들을 어린 아가씨들이 맨손으로 번쩍번쩍 들어 나르는 것을 보고는 깜짝 놀라곤 했다.

그런데 재미있는 것은, 그 아가씨들이 결혼하고 아이를 낳은 후에는 거실 흔들의자에 앉아 그 큰 손으로 한 땀 한 땀 자수와 뜨개질을 한다는 것이다. 스웨덴 사람들은 뜨개질하는 것을 진심으로 즐긴다. 춥고 긴 겨울을 견디기 위해 양털을 깎아 실을 잣고, 그 실로 직접 두꺼운 스웨터와 방한 의류를 만들어 입던 전통과 감성이 현재까지도 고스란히 이어져 오고 있다.

식탁과 탁자에는 형형색색의 꽃과 문양을 넣은 예쁜 자수천을 깐다. 자수천은 그들의 일상이다. 자수천을 까는 것에서부터 상차림이 시작된다. 개성이 있는 자수천은 가족의 맛있는 식탁에 멋을 더한다.

그래서 여자들은 정성들여 자기만의 자수천을 만드는 데에 무엇보다 열심이다. 자수는 자신을 표현하는 방법이자, 가족을 위해 한 땀 한 땀 만들어가는 사랑인 것이다.

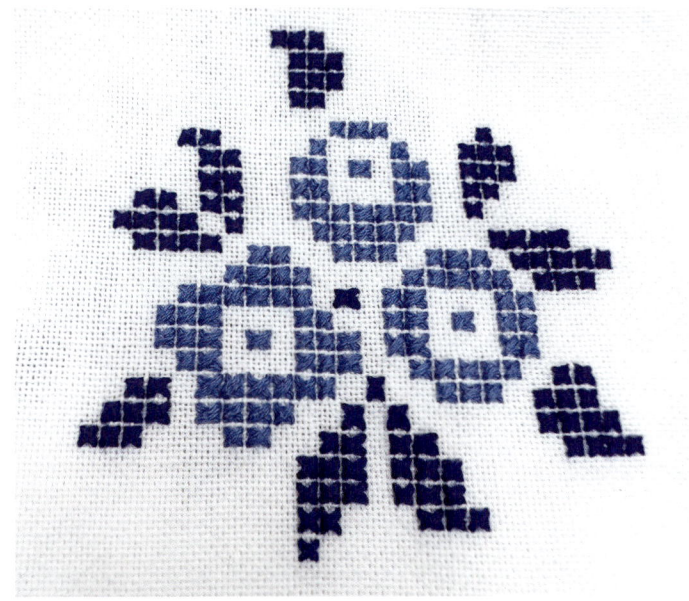

크로스 자수인 십자수

자수는 색실로 그림, 글자, 무늬 따위를 수놓는 것이다. 자수의 표현 기법 중 가장 일반적인 것은 크로스 자수인 십자수이다. 이 기법은 촘촘하고 조밀하게 표현하기에 좋다. '쁘띠petit'는 프랑스어로 '작은'이라는 뜻인데, 그래서 '쁘띠 자수'는 작고 섬세한 자수를 의미한다. 쁘띠 자수는 꽃 등을 아주 세밀하고 아름답게 표현하는 데 가장 적합한 자수 스타일이다.

이태리 자수

이태리(이탈리아) 자수의 특징은 풍성하고 우아하다. 이탈리아에서는 르네상스 시대부터 정교하고 예술적인 자수 스타일이 나왔다. 국내 자수 시장에서는 두툼한 실에 일자로 시원하게 놓인 수를 '이태리수'라고 부른다.

아플리케Appliqué 자수

보통 퀼트 작업에서 많이 볼 수 있는 '천을 덧대는' 기법의 아플리케 자수이다. 다른 천 조각을 바탕 천 위에 덧대고, 그 테두리를 수놓아 완성해 나간다. 장식성이 뛰어나다.

헝가리 자수

화려한 색감과 풍성한 꽃무늬가 특징인 헝가리 자수이다. 헝가리 자수는 밝고 대담한 색으로 가득 채워져 생명력 넘치는 자수라고 한다. 실생활에서는 순면이 아닌 혼방의 티씨T/C면에 화려하고 과감한 색감의 자수를 놓은 것을 헝가리 자수라고 부르기도 한다.

아프리케 Afriche 자수

천의 실을 일부러 빼내서 그 빈 공간을 다양하게 장식하는 아프리케 자수이다. 이탈리아어로 '열린 공간 Open spaces'이라는 뜻을 가진 단어에서 시작되었다. 시간과 정성이 많이 들어가는 아프리케 자수는 빈 공간에 정교하게 무늬를 수놓아 레이스처럼 보이게 만드는 이탈리아 전통 자수이다.

보빈 Bobbin 레이스

보빈 레이스는 '수공예의 정수'라고 불릴 정도로 고급스럽고, 고도의 집중력을 요하는 기법이다. 왕족과 귀족들의 옷이나 소품 장식의 마감에 반드시 필요했다고 한다. 가는 실을 여러 개의 보빈(작은 실감개)에 감아 놓고, 이 보빈들을 손으로 교차하거나 꼬아서 레이스를 만든다.

아름다운 자수천을 곱게 개어 놓은 것을 보면 설렘이 밀려온다. 화려한 핑크빛 꽃들은 수줍은 처녀의 볼같이 아름답다. 기계수 천이 대부분인 근래에는 손 자수의 느낌이 더욱 특별하다. 아마 그 감동은 수를 놓는 이의 정성과 몰입이 고스란히 전해지기 때문이 아닐까.

내 안의 작은 북유럽
라이프&디자인(앤티크, 도자기, 소품)

초판 인쇄 2025년 7월 1일
초판 발행 2025년 7월 7일

지은이 배다윗(점호)
발행인 김경숙

편집 김지성, 윤수연
디자인 studio O-H-!
마케팅 윤상현
펴낸곳 에듀웰
출판등록 2007년 11월 13일 (제2007-000213호)
주소 서울특별시 서초구 서운로 19 서초월드오피스텔 1505호
전화 (02)539-8446
이메일 syypa@naver.com

정가 19,800원
ISBN 979-11-982166-2-5 (13380)

• 이 책의 내용을 무단 복제하는 것은 저작권법에 의해 금지되어 있습니다.